하나님과 늘 동행하기 원하는

_____님께 드립니다

하루 동행

하루
동행

하정완

하 나 님 과   함 께 하 는   행 복 한   2 4 시 간

규장

매일 주님과 동행하기 위해

크리스천의 꿈은 에녹처럼 언제나 하나님과 동행하는 삶을 사는 것이다. 하지만 실제 삶은 하나님 없이 살 때가 많다. 수련회에 가서 며칠 동안 예배와 훈련으로 시간을 보낸 적은 있지만….

우리의 시간은 세상에서 허비된다. 우리에게 주어진 시간을 허무하게 사용한다. 사도 바울은 우리에게 "세월을 아끼라 때가 악하니라"(엡 5:16)라고 권면하지만 실제 우리는 그런 삶을 살지 못한다.

이 같은 상황은 매우 위험하다. "세월을 아끼라"로 번역된 헬라어 단어는 '엑사고라조'인데 '속량하다', '다시 사다'라는 의미를 갖고 있다. 그래서 영어성경에서는 "Redeeming the time"(KJV)이라고 번역했다. 직역하면 '시간을 구원하다'라는 뜻이다. 이는 당연히 세상에서 사는 시간을 포함한 모든 시간을 말한다.

시간을 구원하다…. 왜 바울은 이렇게 권면하는가? 악한 자에게 시간이 주어지면 이 땅의 악이 팽창할 것이고, 지혜로운 자에게 시간이 주어진다면 이 땅이 아름다워질 것이기 때문이다. 아쉽게도 대부분의 크리스천은 일주일 내내 하나님을 잊은 채 살다가 주일에 교회에 나온다. 심지어 하나님 없이 세상을 살다가 주님께로 나온다. 세상을 살리고 영향을 주기도 전에 크리스천 자신이 이 세상에 매몰되어 산다. 하나님이 계실 곳이 없다.

그러므로 '하루 종일 하나님과 동행하기'는 세상에서 사는 동안 하나님과 실제로 동행하기 원하는 자들을 위한 것이다. 우선 단 하루 동안의 동행을 준비하지만 이를 계기로 매일 주님과 동행하는 삶을 살도록 돕기 위함이다.

하루 종일 하나님과 동행하기를 단순히 숙제처럼 해치울 수 있다. 하지만 하루 종일 하나님과 함께 진실로 동행하고 누리는 것은 다른 차원이다.

일상적인 삶을 살던 사람이 한라산을 등정하려고 마음먹으면 반드시 준비단계를 거칠 것이다. 무작정 산에 오를 수도 있지만 급작스럽게 몸을 많이 쓰면 어려움을 겪는다. 예상보다 힘든 상황이 발생하여 정상까지 가지 못하거나 체력이 쉽게 떨어져 산을 마음껏 즐기지 못한 채 하산할지도 모른다. 그러나 미리 여러 날 동안 등산을 위해 적당한 운동과 체력을 다지는 훈련을 한다면 즐거운 등정이 될 것이다.

하루 종일 하나님과 동행하기는 단순히 하루를 동행하는 숙제가 아니라 하나님과 동행하며 온전한 임재를 누리기 위함이다. 그러므로 사전 준비가 매우 중요하다. 가장 기본적인 경건생활을 점검하고 준비하라. 바로 '하루 종일'에 앞서 하는 '날마다'의 훈련이다. 이것을 '날마다의 용기'라고 이름 붙였다.

1부 '날마다의 용기'의 목표는 말 그대로 날마다 주님과 동행하는 삶을 시도하면서 '멈춤'을 훈련하는 것이다. 우리는 자신도 모르는 사이에 세상 시스템에 파묻혀서 멈출 수 없는 삶을 살아왔다. 이는 하나님과 동행을 가장 강력히 방해한다.

멈춤은 세상 시스템에 휘둘리지 않겠다는 의지이고, 하나님을 청종하겠다는 의사 표현이다. 이를 위해 홍해 앞에 섰던 이스라엘처럼 '침묵'을 사용할 것이다.

2부는 구체적으로 하루 종일 하나님과 동행할 일시를 정한 후, D데이를 앞둔 10일 동안의 준비에 대한 것이다.

3부는 바로 D데이, 하루 종일 하나님과 동행하기의 실행 방법을 적었다.

아침에 일어나면서부터 잠들 때까지 하나님과 동행하는 것만으로 충분히 행복할 수 있다. 하나님께서 그 시간 동안 매우 중요한 가르침과 깨달음을 주실 것이다. 또한 종일 하나님과 동행한 경험은 앞으로 살아갈 삶의 방법을 제시해줄 것이다.

하정완 목사

프롤로그

1 날마다의 용기

2 10일 동안의 준비

3 D데이: 하루 종일 하나님과 동행하기

에필로그

1

날마다의 용기

날마다가 중요하다. 우리의 문제는 날마다가 아니라 '어쩌다' 혹은 '가끔씩' 마음을 사는 것이다. 왜 날마다가 중요한가? 우리는 날마다 더러움에 거할 수 있는 존재이기 때문이다.

날마다 산다

'날마다'가 중요하다. 우리의 문제는 '날마다'가 아니라 '어쩌다' 혹은 '가끔씩' 신앙을 사는 것이다. 왜 날마다가 중요한가? 우리는 날마다 더러움에 거할 수 있는 존재이기 때문이다.

부자와 거지 나사로 이야기를 알 것이다. 사실 잘 읽어보면 부자는 매우 관대하다. 거지 나사로는 부자의 집 앞에 머무르면서, 부자의 상에서 떨어진 음식을 먹었다. 나사로를 내치지 않은 것만 봐도 부자는 관대하다. 하지만 그것이 전부였다.

왜 부자는 그것이 전부일 수밖에 없었을까? 사실 부자가 조금만 유심히 살피고 관점을 바꿨다면 그 거지에 대한 태도가 달라졌을 것이다. 성경은 이렇게 말한다.

나사로라 이름하는 한 거지가 헌데 투성이로

그의 대문 앞에 버려진 채

그 부자의 상에서 떨어지는 것으로 배불리려 하매

심지어 개들이 와서 그 헌데를 핥더라

눅 16:20,21

그렇다면 왜 부자는 그 거지가 보이지 않은 것일까?

한 부자가 있어 자색 옷과 고운 베옷을 입고

날마다 호화롭게 즐기더라

눅 16:19

그는 날마다 즐겼다. 늘 그렇게 살았다. 그것이 거지를 보지 못하게 했다. 날마다가 그를 둔감하게 만든 것이다. 날마다의 위험이다. 그래서 우리에게 '신앙의 날마다'가 필요하다. 그때 우리가 세상에 둔감할 수 있기 때문이다. 날마다의 승리이다. 그래서 바울은 이렇게 말한다.

형제들아
내가 그리스도 예수 우리 주 안에서 가진 바
너희에 대한 나의 자랑을 두고 단언하노니
나는 날마다 죽노라

고전 15:31

그의 자랑은 '날마다'였다. 즉 날마다의 경건이 그를 지켰다는 뜻이다. 우리가 잘 아는 다니엘이 하나님을 믿고 기도하고 섬기며, 사자굴에 던지겠다는 말에도 끄떡없이 예루살렘을 향해 창문을 열어놓고 기도할 수 있었던 것은 날마다의 승리였다.

다니엘이 이 조서에 왕의 도장이 찍힌 것을 알고도

자기 집에 돌아가서는 윗방에 올라가

예루살렘으로 향한 창문을 열고

전에 하던 대로 하루 세 번씩 무릎을 꿇고 기도하며

그의 하나님께 감사하였더라

단 6:10

그의 날마다의 경건과 신앙이 세상의 위협마저도 둔감하게 만들 만큼 하나님을 신뢰하게 했다. '날마다' 때문이다. 그래서 날마다의 신앙, 날마다 크리스천으로 사는 것이 제자의 표징이다. 주님이 말씀하신 것처럼.

아무든지 나를 따라오려거든 자기를 부인하고

날마다 제 십자가를 지고 나를 따를 것이니라

눅 9:23

용기가 생기리라

처음 초대교회는 초라했다. 예수 그리스도가 돌아가신 후 그들은 두려움에 떨고 있었다. 마가 요한의 집 다락방에 모여서 숨죽이며 있는 게 전부였다. 그들은 위축되었고 감소하고 있었다. 그런 제자들을 바라보면서 주님이 하신 처방은 "떠나지 말고 기다리라"였다.

날마다 한 일

사도행전 1장 15절 이하를 보면 그들은 마가의 다락방에서 두가지 일을 하였음을 알 수 있다. 베드로가 말씀을 전하는 것에서 알 수 있듯이 말씀을 나누는 것과 기도하는 것이었다. 두 개의 무기는 '말씀'과 '기도'였다. 초대교회의 시작이었다. 하지만 더 중요한 것은 '날마다'였다.

들어가 그들이 유하는 다락방으로 올라가니…
다 거기 있어 여자들과 예수의 어머니 마리아와 예수의 아우들과
더불어 마음을 같이하여 오로지 기도에 힘쓰더라

행 1:13,14

떠나지 않고 기다리며 기도하고 말씀에 귀를 기울이는 '날마다'가 시작되었다. 그리고 놀라운 역사가 나타났다. 재미있게도 초대교회는 10일 만에 새롭게 시작되었다. 선택과 집중의 힘이 있었겠지만 성령이 임재하셨다.

불과 10일 만에 그들이 팽창, 폭발했다. 집중된 '날마다'의 폭발과 팽창이었다. 그것만 가지고도 초대교회는 난리가 났고, 주변 세상에도 강력한 영향을 끼쳤다. 하지만 10일의 '날마다'는 아직 라이프스타일이 아니었다. 단지 그것은 그들에게 동기와 강력한 행동의 요청을 주었다. '날마다의 용기'가 생겼다.

날마다 마음을 같이하여 성전에 모이기를 힘쓰고

행 2:46

힘쓸 수 있고 추구할 수 있는 용기, 곧 날마다의 용기는 바로 첫 번째 10일간의 날마다의 열매였다. 계속 기도할 수 있고 말씀에 거할 수 있는 힘이 그 결과물이었다. 부흥이 왔다. 그 구절은 이렇게 이어진다.

하나님을 찬미하며 또 온 백성에게 칭송을 받으니
주께서 구원 받는 사람을 날마다 더하게 하시니라

행 2:47

물론 날마다의 삶은 라이프스타일의 도전을 받는다. 그동안 살던 체계와 다른 삶의 방식을 사는 것을 말하기 때문이다. 이런 까닭에 초대교회는 엄청난 어려움에 직면한다.

세상은 사도들을 잡아다 감옥에 가두고 죽이겠다고 협박했다 (행 5:17,18). 그런데 의미가 없었다. 이미 그들은 날마다가 죽는 용기를 갖고 있었기 때문이다. 이런 변화에, 원래의 그들을 알던 사람들뿐만이 아니라 정작 자신들이 놀랐다. 성경은 그 모습을 이렇게 기록했다.

사도들을 불러들여 매질한 다음
예수의 이름으로는 아무 말도 말하지 말라고

단단히 일러서 놓아 보냈다.

사도들은 예수의 이름으로 말미암아

모욕을 당하게 된 것을 특권으로 생각하고 기뻐하면서

의회를 물러 나왔다.

행 5:40,41 공동번역

제자들은 자신들의 모습을 보면서 스스로 놀라고 기뻐했다.
그들에게 생긴 용기를 보면서 더욱 그랬다. 이것은 이미 라이프
스타일로 주님을 믿는 사람이 되었다는 것을 의미한다. '날마
다의 10일'이 '날마다의 용기'를 거쳐 '날마다의 라이프스타일'
로 정리되는 순간이다. 성경은 이렇게 기록했다.

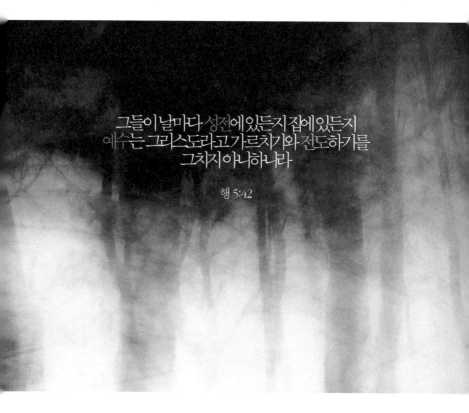

그들이 날마다 성전에 있든지 집에 있든지
예수는 그리스도라고 가르치기와 전도하기를
그치지 아니하니라

행 5:42

그들은 진정한 크리스천이 된 것이다!

나는 기다린다

날마다의 핵심은 '의식하는 것'이다. 당연히 하나님을 의식하는 것이 우선이지만 그보다 먼저 내가 누구인지를 알고 의식하는 것이 못지않게 중요하다.

나는 누구인가?

시편 82편 기자는 하나님의 음성을 받아 우리의 존재의 정의를 "너희는 신들이며 다 지존자의 아들들이라"(시 82:6)라고 정확하게 적어놓았다. 한마디로 '신적인 존재'라는 말이다. 그것은 이미 성경 전체를 통틀어 일관되게 말하는 내용이기도 하다. 분명히 우리는 창조되었지만 다른 짐승들처럼 만들어진 게 아니라 "하나님의 형상"(창 1:27)을 따라 지어진, 즉 하나님으로부터 나온 신적인 존재다. 하지만 문제는 우리가 이런 존재임을 알지 못하는 데 있다. 시편의 상당수를 쓴 다윗 또한 자신의 존재에 대한 분명한 이해가 부족했던 것 같다. 하지만 많은 어려움을 지나오면서 다윗은 비로소 이런 질문을 던진다.

사람이 무엇이기에 주께서 그를 생각하시며

인자가 무엇이기에 주께서 그를 돌보시나이까

시 8:4

그리고 깊은 묵상을 통해 자신을 무한정 생각하시고 도우시는 하나님을 보게 되고, 자신이 신적인 존재임을 깨닫는다.

주께서는 사람을 하나님보다 조금 못하게 지으시고,

그에게 영광과 존귀의 왕관을 씌워 주셨습니다.

시 8:5 표준새번역

예수님도 매우 중요한 말씀을 요한복음에서 하신다.

너희 율법에 기록된 바

내가 너희를 신이라 하였노라 하지 아니하였느냐

성경은 폐하지 못하나니

하나님의 말씀을 받은 사람들을 신이라 하셨거든

요 10:34,35

그런데 우리는 자신을 확신하지 못한다. 그렇다면 어떻게 확신할 수 있을까? 우선 의지적인 믿음으로 주님을 영접해야 한다. 왜냐하면 믿음이란 그분이 우리 안에 내주하시도록 초청하는 행위이기 때문이다. 다음을 소리 내어 읽어보라.

"주님, 당신을 제 안으로 초청합니다. 들어오십시오."

습관적인 실수

잊지 말아야 할 것이 있다. 믿는 것이 우리의 의지로부터 시작한다고 해서 우리가 주님을 알거나 믿음에 이를 수 있는 것은 아니다. 우리 편에서 그분께 갈 수 있는 방법은 존재하지 않는다. 이것을 반드시 알아야 한다!

그런데 우리의 문제는 하나님을 육체적으로 생각하고, 육체적인 방법을 동원해서 그분을 믿으려 하는 데 있다. 심지어 기도와 예배조차도 육체적인 즐거움을 추구하는 방법으로 하고자 한다.

결국 우리가 하나님의 것이라고 생각하는 것들은 하나님의 것이 아닐 수 있다. 우리 안에 있는 뜨거운 열정이 하나님을 앞서가기 때문이다. 그래서 5,6세기경의 디오니시오가 말한 것처럼 오히려 "인간은 하나님을 모름으로 하나님을 아는" 가능성을 갖게 된다.

이것을 십자가의 성 요한은 '감각의 밤'이라는 용어로 설명했다. 하나님을 깊이 인식하는 것은 두말할 것 없이 모든 인간적인 감각의 밤에서 시작하기 때문이다. 하나님의 은혜처럼 느껴지는 것조차를 포함해서 말이다.

감각의 밤, 심지어 하나님의 축복같이 느껴지더라도 그것이 물질적인 것이라면 의존하지 않고 모든 의식화되고 습관화된 판단에서 놓임 받을 때, 우리가 진정 하나님을 만날 수 있는 가능성이 열린다. 내가 하나님을 만나는 것이 아니라 하나님이 나를 만나시는 것이기 때문이다.

그렇다면 우리가 지금 할 수 있는 것은 무엇인가? 사실 우리 편에서 할 수 있는 것이 전혀 없어 보이지만, 그래도 할 수 있는 건 주님을 믿고 영접하는 것이다. 그것이 최대한이다. 주님의 약속에 의지하는 것!

볼지어다 내가 문 밖에 서서 두드리노니

누구든지 내 음성을 듣고 문을 열면

내가 그에게로 들어가 그와 더불어 먹고

그는 나와 더불어 먹으리라

계 3:20

그리고 남은 것은 '기다림'이다. 주님을 의식함으로 열망하는 것, 그것은 모두 인간적인 행동일 수밖에 없고 물질적일 것이지만, 그래도 우리가 할 수 있는 모든 것이다.

그러므로 의식하며 기다려야 한다. 마치 사랑할 때 어디서나 그 사람을 느끼는 것처럼 모든 상황에서 의식하며 주님을 생각해야 한다. 주님을 그리워함으로.

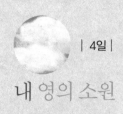

내 영의 소원

하나님은 영이시니

요 4:24

하나님이 영이시라는 걸 잊지 말아야 한다. 그분은 영이시기에 우리의 육신의 귀에 속삭일 필요가 없다. 그래서 우리의 감각이나 느낌으로 하나님을 인식할 수 없다. 말 그대로 느낌일 뿐이다. 물론 하나님의 은혜로 간접적인 경험을 할 수 있지만 지나친 추구는 왜곡된 하나님 이해에 이르게 될 뿐이다. 오히려 하나님을 인식하는 길에 들어서는 것은 내 모든 감각과 이성까지 사라지는 것일지도 모른다.

언제나 하나님께서는 우리 영과 직접 대화하신다. 그런데 우리는 듣지 못한다. 두말할 것도 없이 우리의 영이 닫혀 있기 때문이다.

"영만이 영의 사정을 안다."

이것이 당연하지 않은가? 하나님의 역사는 영적이다. 그래서 우리가 모르는 것이다. 간혹 육적으로 역사하시지만 일시적이며 제한적이다.

> 사람의 일을 사람의 속에 있는 영 외에 누가 알리요
> 이와 같이 하나님의 일도 하나님의 영 외에는
> 아무도 알지 못하느니라
> 고전 2:11

예를 들어, 스데반이 하늘 문이 열리고 하나님 보좌와 그 오른편에 서 계신 예수님의 모습을 봤다는 것은 영적인 이해이다. 어느 누구도 그것을 보지 못했다. 클레르보의 성 버나드는 이렇게 말했다.

말씀과 영혼의 이 연합 안에 뭔가 육체적 요소가 있다고 믿는 것처럼 상상하지 말아야 한다. 이것은 영의 연합이다. 하나님은 영이시기 때

문이다. 이 말씀은 소리로 오지 않고 침투한다. 말하지 않고 영혼에 작용한다. 귓전을 때리지 않고 심령을 간질인다.

-토머스 머튼, 《묵상의 능력》 두란노 역간

우리는 육체를 가졌기에 육체적으로 주님을 구하지만 동시에 육체로 자신감에 차서 구해서는 안 된다. 다른 말로 하면 교만하거나 이상한 자만심에 빠져서는 안 된다.

우리가 할 수 있는 일은 주님을 의식하는 것이다. 당연히 그 시작은 육체적이고 우리의 생각 속에서 이루어지는 것일 터이다. 그래도 의식하는 것이다. '날마다' 하는 것이다. 그것을 '열망'이라고 부른다. 주님의 임재를 기다리는 것이다. 이것을 '신앙'이라고 부른다.

아직 남아 있는 마음으로

날마다가 중요하다. 날마다의 핵심은 '의식하는 것'이다. 이처럼 날마다 의식하는 것을 '열망'이라 부른다. 그것이 신앙이다. 그런데 문제가 있다. 이 같은 의식, 열망은 모두 물질적인 것이 아니라 마음의 영역에서 이루어진다. 그래서 믿음은 마음으로 믿는 행위이다.

네가 만일 네 입으로

예수를 주로 시인하며

또 하나님께서 그를 죽은 자 가운데서 살리신 것을

네 마음에 믿으면 구원을 받으리라

사람이 마음으로 믿어 의에 이르고

입으로 시인하여 구원에 이르느니라

롬 10:9,10

마음을 신뢰할 수 없다

'마음으로 믿는다'는 말은 중요하다. 우리의 행위로 믿는 것이
아니다. 그런데 우리는 믿음을 행위로 생각한다. 마음 없이 행
위로 주님을 감동시킬 수 있다고 생각하는지도 모른다. 그러
나 마음이 온전히 수반되지 않은 믿음 때문에 우리에게 능력이
없다. 그래서 이 말씀이 그림의 떡이 된다.

그러므로 내가 너희에게 말하노니
무엇이든지 기도하고 구하는 것은 받은 줄로 믿으라
그리하면 너희에게 그대로 되리라

막 11:24

사실 우리의 마음은 신뢰할 수가 없다. 이미 마음이 우리와 함
께 가지 않는다. 믿고 있다고 말하지만 진심으로 믿는다고 할
수 없기 때문이다.
깊이 생각하며 기도하지만 그 기도가 진정성을 가진 기도가 아

닐 수 있다. 하나님을 사랑한다고 말하는 것도 마찬가지다. 그런 기도와 믿음과 사랑에는 능력이 없다.

마음속의 생각이 내가 통치하는 영역이 아닐 수 있다는 생각을 해야 한다. 다윗은 그것이 답답했던 것 같다. 그가 밧세바를 범한 사건을 두고 나단이 하나님의 예언을 전했을 때 매우 갑갑했던 것 같다.

그는 자신 안에 있는 더러운 마음을 보았다. 스스로 해결할 수 없다는 것도 알았다. 그래서 하나님의 긍휼을 구하면서 기도했다.

오 하나님이여,

주의 신실하신 사랑으로 나를 불쌍히 여기소서.

주의 크신 자비로 내 죄과를 지워 주소서.

… 내가 내 죄과를 압니다.

내 죄가 나를 떠나지 않습니다.

… 주께서는 진실한 마음을 원하시니

내 마음 깊은 곳에 지혜를 알려 주실 것입니다.

우슬초로 나를 깨끗하게 하소서.

그러면 내가 깨끗해질 것입니다.

나를 씻어 주소서.

그러면 내가 눈보다 희게 될 것입니다.

… 오 하나님이여, 내 속에 정결한 마음을 창조하소서.

내 안에 정직한 영을 새롭게 하소서.

시 51:1,3,6,7,10 우리말성경

마음의 남은 것으로라도

우리가 의식하는 이유이다. 육체적으로라도 열망하는 이유이
다. 마음의 남은 것으로라도 의식한다. 의식의 상당 부분이 하
나님만 구하는 것을 불가능하게 하지만 남은 것을 가지고라도
구해야 한다.

"마음의 남은 것이 이렇게 작지만 그것을 가지고 구합니다. 주
님, 도와주옵소서!"

| 6일 |.

오직 말씀과 기도로

마음의 남은 것을 가지고 주님을 의식하는 것은 쉽지 않다. 금방 엉뚱한 것들이 우리를 사로잡기 때문이다. 그래서 기준이 필요하나. 하나님의 말씀인 성경이 중요하다. 그러므로 주님을 의식할 때는 그저 의식하기보다 하나님의 말씀을 가지고 의식해야 한다.

놀랍게도 말씀은 우리 마음의 생각과 뜻, 의도를 정확하게 드러내기 때문이다. 그로 인해 우리가 자신을 알고 자신이 어떤 존재임을 깨달아 모든 것을 전적으로 주님께 맡기고 믿음으로 나아갈 수 있게 돕는다.

하나님의 말씀은 살아 있고 활력이 있어

좌우에 날선 어떤 검보다도 예리하여

혼과 영과 및 관절과 골수를 찔러 쪼개기까지 하며

또 마음의 생각과 뜻을 판단하나니

지으신 것이 하나도 그 앞에 나타나지 않음이 없고

우리의 결산을 받으실 이의 눈 앞에

만물이 벌거벗은 것 같이 드러나느니라

히 4:12,13

이런 이유로 말씀 앞에 설 때 우리는 진실해진다. 비로소 우리가 날마다 주님 앞으로 나아가지 못하는 이유, 마음의 정체를 보게 되기 때문이다. 내 더러운 욕구와 잘못된 욕망을 보게 된다. 이렇게 말씀으로 나를 볼 때 의식하는 것조차 신뢰할 수 없다는 것을 알게 된다. 오염되고 부패한 생각이 우리 안에 있다는 것을.

말씀과 침묵기도는 함께 가야 한다

그러나 말씀을 읽고 의존하는 것과 함께 마음을 깨끗하게 하는 일은 반드시 병행되어야 한다. 침묵기도는 우리를 정화시켜 준다. 엄밀하게 말해서 침묵기도가 정화시키는 게 아니라 침묵기도를 하면서 내 안의 거짓 자아의 정체가 드러나기 때문이다. 거짓 자아의 정체가 드러나면서 자신의 죄를 의식하게 된다. 깊이 있는 침묵은 무의식 혹은 반의식에 숨어 있던 거짓 자아의 숨은 동기들을 드러내기 때문이다.

침묵기도는 무의식 같은 침묵이 아니다. 깨어 있는 상태이고, 집중된 상태이다. 분명하게 나를 의식하고 하나님의 현존 앞에 내려놓게 한다. 사실 아무 생각 없이, 대책 없이 행하는 무의식이 지금까지 우리를 망쳤다. 그 무의식 속에 바울이 고민했고, 다윗이 범했고, 예수님이 경고하셨던 '죄'의 깊이가 들어 있기 때문이다.

그렇다면 그런 일을 하는 것은

내가 아니라 내 속에 도사리고 있는 죄입니다.

… 나는 내가 해야 하겠다고 생각하는 선은 행하지 않고

해서는 안 되겠다고 생각하는 악을 행하고 있습니다.

그런 일을 하면서도 그것을 해서는 안 되겠다고 생각하고 있으니

결국 그런 일을 하는 것은 내가 아니라 내 속에 들어 있는 죄입니다.

롬 7:17,19,20 공동번역

또 이르시되 사람에게서 나오는 그것이 사람을 더럽게 하느니라

속에서 곧 사람의 마음에서 나오는 것은

악한 생각 곧 음란과 도둑질과 살인과 간음과 탐욕과

악독과 속임과 음탕과 질투와 비방과 교만과 우매함이니

이 모든 악한 것이 다 속에서 나와서 사람을 더럽게 하느니라

막 7:20-23

정말로 감사한 것은 기준인 성경 말씀이 있다는 사실이다. 기억하라. 침묵기도가 나를 드러내고 하나님 앞에 서게 함으로 내 안의 찌꺼기들을 청소하는 것을 돕는다면, 말씀은 우리를 새롭게 하는 치료제이다. 이것이 우리가 말씀을 의식해야 하는 이유이다.

말씀으로 나를 볼 때 의식하는 것조차
신뢰할 수 없다는 것을 알게 된다.
오염되고 부패한 생각이 우리 안에 있다는 것을.

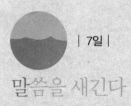

말씀을 새긴다

날마다가 중요하다. 날마다의 핵심은 '의식하는 것'이다. 이처럼 날마다 의식하는 것을 '열망'이라 부르고, 그것이 신앙이다. 그런데 이 같은 의식, 열망은 모두 물질적인 것이 아니라 마음의 영역에서 이루어진다.

그런데 마음이 엉망이다. 그것만이 아니다. 이미 몸은 마음의 영향을 받아 움직이고 있다. 그러므로 마음과 몸이 함께 문제이다. 마음은 현재 육체의 영향을 받고 있다. 그것이 육체의 소욕(desire)이다. 바울이 고민했던, 하나님이 통치하시는 마음을 지배하는 육의 문제이다.

내 지체 속에서 한 다른 법이 내 마음의 법과 싸워

내 지체 속에 있는 죄의 법으로 나를 사로잡는 것을 보는도다

롬 7:23

I see another law at work in the members of my body,

롬 7:23 NIV

내 육체의 모든 영역이 욕심을 드러낸다. 보는 눈, 듣는 귀, 만지는 손, 느끼는 감각, 소유하는 것 등 모든 육체의 영역들(the members of my body)이 우리 마음의 법, 곧 하나님이 통치하시는 영역인 마음을 마음껏 유린하고 있다.

육체를 하나님으로 채운다

우리는 분명 마음을 해결해야 한다. 그러기 위해 육체를 해결해야 한다. 확실하게 육체의 영역도 하나님으로 채우는 것이 필요하다. 어떻게 할 수 있을까? 보고, 만질 수 있고, 들을 수 있는 하나님 곧 말씀으로 채워야 한다.

하나님이 이스라엘에게 명령하신 것이 쉐마 명령이다. 바로 '하나님을 사랑하라'는 것이다. '하나님의 백성인 이스라엘이 어떻

게 살 것인가?' 하는 문제에 대한 하나님의 솔루션이었다.

그들이 하나님의 명령을 따라 살지 못하고, 늘 육체의 소욕을 따라 살아갔기 때문이다. 그들은 육체를 사랑했다. 그래서 하나님께서는 추상적이 아닌 매우 구체적이고, 육체적인 것을 포함한 명령을 내리셨다. 언제나 욕망은 육체의 모든 영역과 관계가 있다. 하나님은 그들의 문제도 역시 보고, 듣고, 만지고, 느끼는 것의 문제임을 정확히 알고 계셨다.

이스라엘아 들으라

우리 하나님 여호와는 오직 유일한 여호와이시니

너는 마음을 다하고 뜻을 다하고 힘을 다하여

네 하나님 여호와를 사랑하라

오늘 내가 네게 명하는 이 말씀을 너는 마음에 새기고

네 자녀에게 부지런히 가르치며 집에 앉았을 때에든지

길을 갈 때에든지 누워 있을 때에든지 일어날 때에든지

이 말씀을 강론할 것이며

너는 또 그것을 네 손목에 매어 기호를 삼으며

네 미간에 붙여 표로 삼고

또 네 집 문설주와 바깥 문에 기록할지니라

신 6:4-9

하나님은 매우 분명하게 '몸의 부분들'에 정확히 새겨놓게 하셨다. 그들이 오랫동안 육체에 기울어진 마음으로 느끼고 즐기는 것을 아셨기에 그 마음에 '새길 것'을 요청하신 것이다(신 6:6).

그들의 정신과 마음을 가르치는 교육 역시 '하나님을 사랑하라'는 것이었다. 먼저 듣는 귀를 거룩하게 하라고 명하셨다. 유대인들은 그것을 해석하여 귀밑머리를 길게 하고, 그 끝에 말씀을 달아매었다. 눈으로 보는 것을 이기기 위해 하나님은 그들의 미간에 말씀을 표로 붙이게 하셨다. 그리고 손으로 만지고 범하는 죄를 이기기 위해 손목에 말씀을 달아매게 하셨다. 그들이 가고 오는 길, 집의 중요한 곳에는 말씀이 붙어 있었다.

하나님의 솔루션은 '말씀'이었다. 실제로 말씀을 들은 자, 말씀을 몸에 새긴 자들에게는 변화가 일어났다. 몸의 지체들의 욕심을 제어하고, 몸을 붙잡고, 마음의 영역까지 하나님께 드리려는 사람들에게 말씀은 스스로 일하기 시작했다.

이처럼 말씀을 몸에 새기는 것이 묵상이다. 말씀이 지배하도록 나를 열어놓는 것이다. 그래서 큐티가 중요하다. 특히 쪽지에 적어 묵상하는 것은 매우 유용하다. 오늘부터 쪽지 묵상을 병행하라.

| 8일 |

말씀이 나를 새롭게 할 것이라

매일 자신과 싸우며 육체의 문제로 고민하던 어거스틴, 수없이 다짐하지만 여지없이 무너지던 그를 다시 살린 것은 말씀이었다. 말씀은 우리의 무기다.

방탕하거나 술 취하지 말며

음란하거나 호색하지 말며

다투거나 시기하지 말고

오직 주 예수 그리스도로 옷 입고

정욕을 위하여 육신의 일을 도모하지 말라

롬 13:13,14

이 로마서 말씀이 어거스틴의 오랜 방황을 끝내고 하나님의 사람으로 서게 했다. 그는 이 말씀을 읽고 난 후 자신의 변화를 이렇게 적었다.

나는 더 이상 읽고 싶지도 않고 또한 더 읽을 필요도 없었습니다. 그 구절을 읽은 후에 즉시 확실성의 빛이 내 마음에 들어와 의심의 모든 어두운 그림자를 몰아내었습니다.

–성 어거스틴, 《성 어거스틴의 고백록》대한기독교서회 역간

말씀이 무기이다. 그래서 바울은 에베소서 6장 17절에서 말씀을 "성령의 검"이라고 표현했다. 우리가 예정하거나 조종할 수는 없지만, 언제고 그 말씀이 우리를 찌르고 쪼개어 어거스틴을 변화시킨 것처럼 분명히 우리를 변화시킬 것이다.

하나님의 말씀은 살아 있고 활력이 있어

좌우에 날선 어떤 검보다도 예리하여

혼과 영과 및 관절과 골수를 찔러 쪼개기까지 하며

또 마음의 생각과 뜻을 판단하나니

히 4:12

그러므로 우리는 반드시 하나님의 말씀을 들어야 한다. 그래야 변화된다. 하지만 문제는 우리가 듣지 못한다는 점이다.

신약성경에 재미있는 표현들이 나온다.

"빛이 어둠에 비치되 어둠이 깨닫지 못하더라"(요 1:5).

"귀 있는 자는 들으라"(마 13:9).

둘 다 공통점이 있다. 빛이 비치고 있다는 사실과 말씀이 들려지고 있다는 것. 단지 보지 못하고 듣지 못할 뿐이다. 이유가 뭘까?

그들이 알지도 못하고 깨닫지도 못함은

그들의 눈이 가려서 보지 못하며

그들의 마음이 어두워져서 깨닫지 못함이니라

사 44:18

죄가 가려진 것이다. 하나님의 말씀은 우리를 변화시키지만 우리는 그 말씀과 빛을 외면한다. 하나님의 통치가 이루어지지 않은 삶이다.

이는 우리의 내적인 모습이 영과 혼이 버무려진 상태이기 때문이다. 그래서 영적인 것처럼 보이지만 혼적이고, 혼적이다가도 영적이다. 신앙인들이 오락가락하는 모습을 보이는 이유이다.

더욱이 평온할 때는 신앙적이 되었다가 위급할 때 혼적이 되는 것은 감정적인 영역, 즉 혼적인 영역까지만 하나님의 통치하심을 받아들이기 때문이다.

그러지 않기 위해서는 말씀을 듣는 수밖에 없다. 그런데 우리는 지금 들을 귀가 없다. 말한 것처럼 영과 육의 지배적인 혼이 버무려진 상황이기 때문이다. 그래도 들어야 한다. 다른 방법이 없다. 아직 들리지 않아도, 들을 귀가 없어도 들어야 한다. 희망은 말씀뿐이기 때문이다.

"혼과 영과 및 관절과 골수를 찔러 쪼개기까지 하며."

일단 이 말씀은 명료하게 영적인 상태를 말하는 것이 아니다. 즉 완벽히 영적인 귀가 열린 상태가 아니다. 분명히 혼재된 상황을 전제한다. 그런데 어느 순간에 말씀이 우리를 쪼개고 정리해준다는 말이다. 그래서 우리는 들어야 한다. 말씀으로 옷을 입어야 한다.

준비하라

우리가 오해하는 것이 하나 있다. 아무런 준비가 되지 않은 자에게 벼락처럼 이 같은 경험과 변화가 있을 것이라는 오해다. 물론 하나님이 원하시면 그렇게 하실 수 있다. 하지만 그것은 예외적인 경우이고, 일반적으로 준비된 자들에게 주어지는 사건임을 알아야 하다. 그런 관점에서 볼 때 어거스틴 역시 준비되어 있었다. 그가 변화되기 전에 쓴 글에 이런 내용이 나온다.

내가 오랫동안 계획하였던 대로 주님을 섬기려고 생각하고 있을 때 그것을 원하는 것도 나요, 그것을 원치 않는 것도 나였습니다. 이렇든 저렇든 간에 결국은 내가 한 것이었습니다.

–성 어거스틴, 《성 어거스틴의 고백록》 대한기독교서회 역간

이것은 바울의 고백과 유사하다.

내 속 곧 내 육신에
선한 것이 거하지 아니하는 줄을 아노니
원함은 내게 있으나 선을 행하는 것은 없노라
내가 원하는 바 선은 행하지 아니하고
도리어 원하지 아니하는 바 악을 행하는도다
만일 내가 원하지 아니하는 그것을 하면
이를 행하는 자는 내가 아니요 내 속에 거하는 죄니라

롬 7:18-20

이어 그는 비참한 자신을 고백한다.

아, 나는 비참한 사람입니다.
누가 이 죽음의 몸에서 나를 건져 주겠습니까?

롬 7:24 새번역

어거스틴도 마찬가지였다. 자신이 죄인이라는 분명한 인식에 이르자 죄에 대한 괴로움과 함께 자신을 책망하고 자책하는 단계에 이른다. 분명 그것은 의지의 영역이다.

나는 어떻게 했는지는 몰라도 어느 무화과나무 밑에 쓰러져 흘러나오는 눈물을 마음껏 흐르도록 하였습니다. '언제까지입니까? 내일입니까? 왜 지금은 아닙니까? 왜 이 순간에 나의 불결함이 끝나지 않습니까?' 나는 이렇게 말하고 내가 지은 죄에 대하여 마음으로부터 통회하면서 울고 있었습니다.

–성 어거스틴. 《성 어거스틴의 고백록》 대한기독교서회 역간

이 고백에서 보듯이 그의 변화는 우연히 번개 치듯 일어난 일이 아니었다. 준비된 것이었다. 그것은 육적인 일을 벗고 싶고, 육적인 것에서 놓임 받고 싶어 하는 '간절함'이라는 준비였다. 그리고 매우 의도적이고 의지적으로 육의 유혹을 끊고 하나님의 통치를 받으려는 준비였다. 그때 변화가 시작되었다. 위의 글에 이어진 어거스틴의 고백이다.

그때였습니다. 갑자기 이웃집에서 들려오는 말소리가 있었습니다. 그 말소리가 소년의 것인지 소녀의 것인지 나는 확실히 알 수 없었으나 계속 노래로 반복되었던 말은 "들고 읽으라 들고 읽으라"는 것이었습니다.

바로 그때 어거스틴의 일상 속에서 들려온 말들이 하나님의 음성으로 들렸다. 눈의 가리개가 벗겨지고 귀가 열렸다. 눌리고 감춰졌던 영이 살아나 하나님의 음성을 들을 수 있었다. 처절한 눈물과 통회함과 몸부림이 육의 껍질을, 비늘을 벗겨냈다. 다른 방법은 없다. 다른 방법을 좇지 말라. 오로지 말씀뿐이다. 말씀만이 우리를 새롭게 할 수 있다. 말씀은 하나님이시기 때문이다. 말씀이 우리 안에 내재하면 우리를 바꾼다. 말씀이 스스로 일하시기 때문이다.

나는 기도한다

우리가 오해하는 것 중 대표적인 것은, 우리가 주님을 위해 무엇을 할 수 있다는 생각이다. 하지만 실제로 우리가 주님을 위해 할 수 있는 일은 없다.

이유는 간단하다. 하나님이 이 세상을 창조하셨고 모든 것은 다 그분의 것이기 때문이다. 엄밀하게 말해 이 모든 것 되시는 하나님을 위해 세상적 견지에서 우리가 할 수 있는 일은 없다.

우리가 하나님을 위해 할 수 있는 일이란 없습니다.

―마이클 몰리노스, 《영성 깊은 그리스도인》 요단출판사 역간

우리가 무엇인가 할 수 있다면 결국 우리 자신을 위한 것이라고 해야 옳다.

너 자신을 위해 기도하라

예수님이 잡히시던 밤에 겟세마네 동산에 제자들과 함께 올라가셨다. 예수님은 자신이 잡혀 고난당하고 죽임 당하실 것을 알고 계셨다. 그 동산에서 기도하실 때였다. 예수님이 제자들에게 이렇게 말씀하셨다.

내가 저기 가서 기도할 동안에 너희는 여기 앉아 있으라

마 26:36

그때 주님의 마음은 의연한 상태가 아니었다. 죽고 싶을 정도로 힘든 상황이었다.

내 마음이 매우 고민하여 죽게 되었으니

너희는 여기 머물러 나와 함께 깨어 있으라

마 26:38

이처럼 고통으로 주님이 "땀이 땅에 떨어지는 핏방울 같이"(눅 22:44) 되도록 기도하실 때에 제자들은 자고 있었다. 그들의 모습을 보면서 화가 나실 법도 한데 예수님은 놀라운 말씀을 하셨다.

너희가 나와 함께

한 시간도 이렇게 깨어 있을 수 없더냐

시험에 들지 않게 깨어 기도하라

마음에는 원이로되 육신이 약하도다

마 26:40.41

예수님이 제자들에게 요청하신 것은 제자들 자신을 위한 기도 였다. 이것이 필요하다. 자신을 위해 진정성 있는 기도를 드리 는 것. 나를 위해 기도한다는 것은 전적으로 하나님을 의존한 다는 신앙고백이기 때문이다.

기도는 나의 존재양식

주님이 제자들에게 기도를 가르치실 때, 매우 중요한 몇 가지 말씀을 하셨다.

첫째, 기도의 힘은 많은 말에 있지 않다.

기도할 때에 이방인과 같이 중언부언하지 말라

그들은 말을 많이 하여야 들으실 줄 생각하느니라

마 6:7

둘째, 우리가 기도하기 전에 이미 주님은 우리에게 있어야 할 것을 알고 계신다.

그들을 본받지 말라

구하기 전에 너희에게 있어야 할 것을

하나님 너희 아버지께서 아시느니라

마 6:8

이어 주님은 주기도문을 가르치셨다. 더불어 우리의 기도 내용에 대하여 매우 중요한 언급을 하셨다. 우리가 걱정하는 문제에 대한 것이었다.

내가 너희에게 이르노니

목숨을 위하여 무엇을 먹을까 무엇을 마실까

몸을 위하여 무엇을 입을까 염려하지 말라 …

무엇을 먹을까 무엇을 마실까 무엇을 입을까 하지 말라

마 6:25,31

우리가 살고 있는 자리에서 걱정하고 구하는 것들이 잘못되었다는 말이 아니다. 이 말씀을 길게 하신 이유는 우리가 무엇인가를 모르고 있음을 가르치기 위함이셨다. 앞에서 얘기했던 것의 반복이지만 좀더 자세히 설명하셨다.

첫째는 우리가 하나님을 잘 모르는 것 같아 섭섭하시다는 말씀이었다.

공중의 새를 보라

심지도 않고 거두지도 않고

창고에 모아들이지도 아니하되

너희 하늘 아버지께서 기르시나니

너희는 이것들보다 귀하지 아니하냐

… 들의 백합화가 어떻게 자라는가 생각하여 보라

수고도 아니하고 길쌈도 아니하느니라 …

오늘 있다가 내일 아궁이에 던져지는 들풀도

하나님이 이렇게 입히시거든

하물며 너희일까보냐 믿음이 작은 자들아

마 6:26,28,30

둘째는 우리가 걱정하고 근심하는 것들을 알고 계신다는 말씀이셨다. 준비하신다는 뜻이기도 하다.

그러므로 염려하여 이르기를

무엇을 먹을까 무엇을 마실까 무엇을 입을까 하지 말라

너희 하늘 아버지께서 이 모든 것이
너희에게 있어야 할 줄을 아시느니라

마 6:32

이는 다 이방인들이 구하는 것이라

너희 하늘 아버지께서 이 모든 것이

너희에게 있어야 할 줄을 아시느니라

마 6:31,32

셋째는 사실 가장 중요한 말씀이다. 기도의 요청이셨다.

그런즉 너희는 먼저 그의 나라와 그의 의를 구하라

그리하면 이 모든 것을 너희에게 더하시리라

마 6:33

이 말씀은 매우 중요하다. "이 모든 것"은 곧 우리가 걱정하고 근심하면서 구하는 것 모두를 포함하기 때문이다. 그런데 중요한 것은 하나님이 이를 덤으로 주신다고 말씀하셨다는 점이다. 단, "그의 나라와 그의 의"를 구할 때 말이다.

기도는 존재론적인 것이다

그렇다면 '그의 나라와 그의 의를 구하는 것'이란 무엇을 말하는가? 우선 "구한다"로 번역된 헬라어 '제테오'는 사슴이 시냇

물을 찾는 것과 같은 의미로 갈망한다는 의미이다. 쉽게 말해서 갈망은 존재론적이다. 사슴이 물을 갈망하는 것은 삶과 죽음의 문제이기 때문이다. 그러므로 구한다는 것은 존재론적인 태도를 말한다.

이제 무엇을 구해야 하는지 살펴보자. 주님은 매우 분명하게 "그의 나라"와 "그의 의"를 구하라고 말씀하셨다. "나라"는 당연히 '바실레이아', 즉 하나님의 통치가 이루어진 상태를 말한다. "의" 즉 '디카이오수네'는 마이클 샌델이 말하는 '정의'가 아니라 '칭의'를 말한다.

프란시스 쉐퍼의 해석을 빌리면 '칭의란 마치 내가 결코 죄를 지은 적이 없는 것처럼 되는 상태'를 말한다.

그러니까 그의 나라와 그의 의를 구하는 것은, '자신의 삶 속에 하나님의 통치가 이루어진 상태에서 그분이 우리를 의롭고 흠 없다고 여기시는 거룩함을 누리는 존재로 사는 것'을 말한다.

그런 까닭에 기도가 깊어질수록 우리는 이 세상의 관점을 넘어서게 된다. 분명 이 세상에 살지만 이 세상에 묶여있는 존재가 아니라는 것을 깨닫게 되기 때문이다.

기도의 목표

그렇다. 엄밀하게 말해서 우리가 기도할 수 있는 것은 없다. 가장 훌륭한 기도는 존재론적으로 그분과 친밀한 관계에 이르는 것이다. 그런 견지에서 바울의 권고를 잘 이해해야 한다.

항상 기뻐하라

쉬지 말고 기도하라 범사에 감사하라

이것이 그리스도 예수 안에서

너희를 향하신 하나님의 뜻이니라

살전 5:16-18

기도, 기뻐함, 감사는 모두 존재론적인 행위이다. 무엇을 구하는 행동 개념이 아니다. 여기서 갑자기 마태복음 7장이 생각날지도 모르겠다.

구하라

그리하면 너희에게 주실 것이요

찾으라

그리하면 찾아낼 것이요

문을 두드리라

그리하면 너희에게 열릴 것이니

구하는 이마다 받을 것이요

찾는 이는 찾아낼 것이요

두드리는 이에게는 열릴 것이니라

너희 중에 누가 아들이 떡을 달라 하는데 돌을 주며

생선을 달라 하는데 뱀을 줄 사람이 있겠느냐

너희가 악한 자라도 좋은 것으로 자식에게 줄 줄 알거든

하물며 하늘에 계신 너희 아버지께서 구하는 자에게

좋은 것으로 주시지 않겠느냐

마 7:7-11

이런 의문이 들 수도 있다.

"구하는 자에게 주신다고 하지 않았는가?"

하지만 이 본문의 의미도 역시 존재론적이다. 찬찬히 읽으면 알겠지만 모든 구하는 것의 결과는 하나님 아버지께서 "좋은 것"을 주신다는 것에 이른다. 우리는 그 좋은 것의 의미를 물질적으로 해석한다. 하지만 그렇지 않다는 것을 누가복음과 비교해보면 금방 알 수 있다. 똑같은 내용이 기술되어 있는 누가복음에서 "좋은 것"의 내용을 말하고 있기 때문이다.

너희가 악할지라도 좋은 것을 자식에게 줄 줄 알거든

하물며 너희 하늘 아버지께서 구하는 자에게

성령을 주시지 않겠느냐

눅 11:13

"좋은 것"이란 성령을 지칭한다. 그리고 알다시피 성령은 삼위일체 하나님과의 일치, 하나됨, 임재로 우리를 이끄신다. 존재론적이라는 말이다.

내가 아버지께 구하겠으니

그가 또 다른 보혜사를 너희에게 주사

영원토록 너희와 함께 있게 하리니 …

그 날에는 내가 아버지 안에, 너희가 내 안에,

내가 너희 안에 있는 것을 너희가 알리라

요 14:16,20

최고의 기도는 하나님을 추구하는 것이다

우리는 너무 가볍다. 매일 '무엇을 먹을까, 마실까, 입을까'를 구하고, 그것을 걱정한다. "쉬지 말고 기도하라"를 그런 관점에서 이해한다. 우리의 기도를 이루기 위한 방법은 "그의 나라와 그의 의"를 구하는 것이라고 하셨다. 그런데 그 개념을 교회일, 선한 봉사, 선교 사역 정도로 생각한다. 그건 오해다.

왜냐면 하나님은 부족한 것이 없으시기 때문이다. 우리는 그분이나 그분의 나라를 위해 구할 수도, 구할 자격도 없다. 하나님이 원하시는 것은 우리와 함께 있는 것 자체이다.

그러므로 우리의 최고의 기도는 하나님을 추구하는 것, 곧 의식하는 것이다. 속삭이고 사랑하는 것이다. 쉬지 말고 하나님과 함께하는 것이다. 그때 드디어 우리는 하나님이 말씀하시는 것을 들을 수 있다.

기도는 하나님 임재 안의 명상으로 이어지는 말없는 경청이다.

ㅡ헨리 나우웬, 《영성수업》 두란노 역간

그러므로 침묵은 기다림으로 하나님을 추구하는 것이고, 말씀
묵상은 읽고 생각함으로 하나님을 추구하는 것이며, 암송은
하나님을 마음에 두기를 사모함으로 추구하는 것이다. 이 모
두가 기도이다.

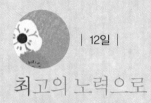

최고의 노력으로

의식하는 것, 열망하는 것이 신앙이라면 그 신앙의 완성은 다른 삶을 사는 것으로 성취된다. 그런데 분명 우리는 주님을 의식하고 열망하고 그 말씀을 마음에 두며 늘 주님과 속삭이며 살려 하는 것 같은데 신앙의 진보가 더딘 것을 본다. 왜 그런 일이 벌어지는가? 그 비밀을 성경은 이렇게 적고 있다.

사람이 무엇으로 심든지 그대로 거두리라

갈 6:7

이 말씀에서 알게 되는 핵심은 '무엇으로 심는가'에 있다. 우리가 행한 죄와 더러움에서 놓임 받고 새로운 존재가 된 것은 분명하지만, 우리가 아무것도 행하지 않는데도 무엇이 이루어지는 것은 아니라는 사실이다. 바울은 그것을 강조하고 싶었던 것이다. 그가 한 강력한 표현에서 알 수 있다.

잘못 생각하지 마십시오.
하나님은 조롱을 받으실 분이 아니십니다.
사람은 무엇을 심든지 자기가 심은 것을
그대로 거둘 것입니다.
갈 6:7 공동번역

그러니까 지금까지 우리의 문제는 심는 것의 문제였다. 우선 생각부터 정화하고 심는 것이 중요하다. 하지만 동시에 실제적인 행동으로 심어야 한다. 이를 갈라디아서 6장을 보면 잘 알 수 있다.

"너희가 짐을 서로 지라"(2절).
"각각 자기의 일을 살피라"(4절).
"각각 자기의 짐을 질 것이라"(5절).
"우리는 기회 있는 대로 모든 이에게 착한 일을 하되"(10절).

왜 이렇게 강조하는가? 심은 대로 거두기 때문이다. 바울은 이것을 강조했다.

우리가 선을 행하되 낙심하지 말지니
포기하지 아니하면 때가 이르매 거두리라
갈 6:9

여기서 바울이 말하는 "선"(善)에 대해 잠깐 설명하겠다. "선"이라고 번역되는 단어 '칼로스'는 분명 도덕적인 의미에서 '선한'으로 쓰이지만 본래 의미는 '아름다운'이란 뜻을 갖고 있다.

예를 들어 바울은 이 단어를 그 유명한 로마서 7장에 "선을 행하기 원하는 나에게 악이 함께 있는"(롬 7:21) 현상을 표현할 때도 썼다. 단순히 도덕적으로 착한 일이 아니라 모든 아름다운 것들을 표현할 때 이 단어를 광범위하게 썼다.

이런 이해를 가지고 다시 갈라디아서 6장 9절을 읽어보면 그 뉘앙스를 알 수 있다. 바울이 말하는 "선을 행하되"는 '아름다운 삶'은 그 자체로 아름답다는 의미이다. 그러므로 '아름다운 일의 추구'는 최선을 말하는 게 아니라 최고의 노력을 뜻한다.

최고의 노력

로베르트 베니니 주연, 감독의 영화 〈인생은 아름다워〉는 이
탈리아 영화로서 51회 칸 영화제 심사위원 대상을 비롯해 71회
오스카 최우수 외국어 영화상, 남우주연상, 음악상 등을 휩쓸
었다.

평화로운 이탈리아의 토스카나 지방에서 식당 웨이터로 일하
던 귀도(로베르토 베니니)는 여교사(니콜레타 브라스키)를 만나
사랑에 빠진다. 둘 사이에서 아름다운 아들 조슈아(조르지오
칸타리니)를 얻는다. 하지만 독일이 세계대전을 일으키면서 유
대인이었던 귀도의 가정에도 운명적인 불행이 찾아온다.

그들은 모두 유대인 집단수용소에 갇혀야만 했다. 그 순간부
터 희망은 존재하지 않았다. 그들은 나치의 유대인 600만 학
살의 홀로코스트 위기에 처했다. 그런데 이 영화는 우리에게 이
상한 메시지를 준다. 분명히 불행스러운 상황인데 행복하다고
말하기 때문이다.

어느 날 귀도는 어린 아들 조슈아와 함께 손수레를 끌고 일하
러 가다가 비어 있는 방송실을 보면서 아내를 생각한다. 잡히
면 죽을지도 모르지만 몰래 방송실로 들어가 아름다운 시를
방송으로 읽는다. 오로지 아내와 아들을 위해서. 아들과 함께
느끼는 그 미소와 현재가 아름다웠다.

"안녕하세요, 공주님! 어제 밤새도록 그대 꿈을 꾸었어요. 같이 극장에 갔는데 당신은 내가 좋아하는 분홍색 옷을 입고 있었어요. 난 당신 생각뿐이에요. 항상 당신만 생각해요."

또 한 장면은 전쟁이 막바지를 향해 달려갈 때였다. 이는 죽음이 다가오는 것을 의미했다. 나치는 사람을 죽여서 나오는 기름으로 비누나 단추를 만들기도 했고, 불필요한 실험 대상은 가스실에서 죽였다.

그런 상황에서 귀도는 예전에 알던 독일군 장교의 배려로 잠시 동안 식당에서 음식 시중을 들게 되었다. 그러다가 축음기를 보면서 아내를 생각한다. 그는 아무도 보지 않는 틈을 타서 예전에 아내가 좋아하던 오펜바흐의 〈호프만의 뱃노래〉를 아내의 수용소를 향해 틀어놓는다. 죽음을 무릅써야 하는 일이었지만 그의 미소가 너무 아름다웠다.

이런 경험을 어떻게 설명할 수 있을까? 이것을 칙센트미하이의 언어로 말하면 '몰입' 현상이라고 할 수 있다.

누구에게나 한번쯤은 외적 조건들에 의해 압도되지 않고, 우리의 행동을 스스로 조절할 수 있으며, 내 운명은 내가 주인인 듯한 느낌이 드는 순간들이 있을 것이다. 이때 우리의 기분은 마냥 고양되고, 행복

함을 맛볼 수 있다. 이런 경험을 최적경험(optimal experience)이라
고 한다.

−칙센트미하이, 《몰입, 미치도록 행복한 나를 만난다》 한울림 역간

내 인생의 주인인 상태, 지금 나는 최고의 선택을 했고, 내 인생
과 현재가 가장 아름답다고 생각하는 상태를 말한다. 그러므
로 행복한 것이다.

가끔 우리는 올림픽이나 어떤 경기에 출전해서 전혀 등수에 들
지도 못했는데 최고의 만족을 느끼는 사람들을 만난다. 그들
의 만족은 경기 결과와 관계없다. 그가 할 수 있는 최고의 전력
투구를 다했기 때문이다. 여기서 중요한 것은 '최고의 전력투
구', 즉 내가 이룬 것이다.

여기까지가 우리가 해야 할 일이다. 나머지는 주님이 이끄실 것
이다. 그러므로 말씀을 읽든, 기도를 하든 전심(全心)으로 해
야 한다. 이것이 중요하다.

| 13일 |

주께 몰입함으로

한 TV 예능프로그램에서 강동철(용감한 형제)이라는 대중가요 작곡가의 이야기를 보았다. 4년 동안 저작권 수입료만 50억을 벌었다는 그는, 학창 시절에는 일진이었고 구속된 적도 있다고 한다. 그런데 우연히 갱스터랩을 접하게 되면서 노래를 만들고 싶어졌다고 한다. 그가 말했다.

"아무것도 모른 채 좋은 노래들을 카피(copy)하고, 조금씩 변형하기 시작했어요. 아무것도 하지 않고 집에서 음악만 하니까, 가족들은 '쟤 머리가 어떻게 됐나?' 하고 걱정했을 정도였죠. 전 완전히 미쳐 있었어요. 시간 가는 줄도 모르고 곡을 만드는 데 빠져 살았죠. 어떤 때는 이삼일 동안 잠도 안 자고 작업하는 데 열중했어요."

그는 돌파구가 보이지 않는 상황에서 현재를 즐기기 시작했다. 자신이 즐거워하는 것에 몰입했고, 할 수 있는 도전을 시도하면서 불안을 극복했다. 동시에 그것을 발전시켜 나가면서 다음의 도전을 하는 방법을 통해 매번 몰입을 경험했다. 그리고 어느 날, 놀라운 작곡가가 되어 있는 자신을 발견했다. 이것이 바로 '최고의 노력'이다.

여기서 시작점이 무엇인지 보게 된다. 바로 자신을 아는 것이다. 자신을 보는 것이다. 그러면 자연스럽게 내려놓음이 시작된다. 그때 이미 목표는 의미 없는 것이 되어버린다. 그때 보이는 것이 현재 내가 즐거운 것이다.

강동철 씨는 현재를 즐길 때, 누군가 먼저 행복해했던 것에서 그 행복을 찾았다. 또 다른 행복을 카피한 것이다. 그리고 어느 순간 그 행복은 자신의 것으로 발전했다.

행복이 나 자신만의 방법으로 업그레이드되는 순간이다. 그 즐거움으로 가능한 도전을 계속했고, 매 순간의 몰입 경험이 현재의 놀라운 존재로 변하게 한 것이다. 이런 관점에서 앞에서 읽은 바울의 이야기를 다시 읽어보자.

내가 궁핍하므로 말하는 것이 아니니라

어떠한 형편에든지 나는 자족하기를 배웠노니

나는 비천에 처할 줄도 알고 풍부에 처할 줄도 알아

모든 일 곧 배부름과 배고픔과

풍부와 궁핍에도 처할 줄 아는 일체의 비결을 배웠노라

내게 능력 주시는 자 안에서

내가 모든 것을 할 수 있느니라

빌 4:11-13

11,12절에서 바울이 배운 것은 '자족하기'인데, 그것은 미래로 인한 것이 아니라 내려놓고 현재를 받아들임으로 생겼다. 그래서 모든 상황이 즐거워졌다. 현재를 누리기 시작했다. 또한 바울이 한 것은 '모든 것을 하는' 시도였다. 지금 내가 할 수 있는 것을 기뻐하며, 낙심하지 않고 선을 행하는 것이다.

간혹 우리의 신앙적 태도 역시 현재보다 미래에 관심을 가지라는 것으로 이해한다. 그 대표적인 구절이 이 말씀이다.

너희는 먼저 그의 나라와 그의 의를 구하라

그리하면 이 모든 것을 너희에게 더하시리라

마 6:33

주님의 말씀에서 우리가 먼저 구해야 할 "그의 나라와 그의 의"는 어떤 시제인가? 미래인가 아니면 현재인가? 일반적으로 다가오지 않은 미래라고 암묵적으로 이해하는 경향이 있다. 다가오지 않은 미래, 하나님나라의 추구라고 생각한다. 다음 말씀을 함께 보자.

그러므로 염려하여 이르기를

무엇을 먹을까 무엇을 마실까

무엇을 입을까 하지 말라

이는 다 이방인들이 구하는 것이라

너희 하늘 아버지께서 이 모든 것이

너희에게 있어야 할 줄을 아시느니라

그런즉 너희는 먼저 그의 나라와 그의 의를 구하라

그리하면 이 모든 것을 너희에게 더하시리라

그러므로 내일 일을 위하여 염려하지 말라

내일 일은 내일이 염려할 것이요

한 날의 괴로움은 그 날로 족하니라

마 6:31-34

주님이 이방인 곧 하나님과 관계없는 사람들이 하는 고민이라고 규정한 염려의 핵심은 "무엇을 먹을까 무엇을 마실까 무엇을 입을까"이다. 이것을 주님은 "내일 일을 위하여 염려하지 말라"는 말씀으로 그것이 미래의 일임을 분명히 하셨다.

더욱이 "너희는 먼저 그의 나라와 그의 의를 구하라"에 이어서 나오는 "그리하면 이 모든 것을 너희에게 더하시리라"는 구절에서 "이 모든 것"이 '내일 일'을 말하는 것이므로 "너희는 먼저 그의 나라와 그의 의를 구하라"는 내일보다 앞선 시제를 가리킴을 알 수 있다. 즉 현재를 말한다.

바리새인들이 예수님께 이런 질문을 했다.

하나님의 나라가 어느 때에 임하나이까

눅 17:20

그때 주님이 매우 재미있는 말씀을 하셨다.

하나님의 나라는 볼 수 있게 임하는 것이 아니요
또 여기 있다 저기 있다고도 못하리니
하나님의 나라는 너희 안에 있느니라

눅 17:20,21

주님이 하신 말씀은 하나님나라의 현재성이다. 우리는 그동안 지나치게 미래적 하나님나라, 곧 죽어서 갈 천국에 대하여만 강조한 측면이 있다. 하지만 주님의 말씀은 오늘, 바로 지금 우리 안에 하나님나라가 임한다는 것이다.

현재를 경험하다

신앙의 깊이에서 경험하는 것은 현재를 사는 것이다. 미래는 하나님의 것이고, 과거는 하나님이 해결하셨으니까 하나님의 사람들은 현재를 살 수 있다. 그때 내 목적이나 목표가 사라진다. 의미가 없어진다. 하나님이 목적이 되었기 때문이다.

이 말은 현재의 인식과 관계없이 긍정적인 사고를 하라는 말로 이해하기 쉽다. 하지만 긍정적 사고방식에 대한 위험을 지적할 필요가 있다. 사실 그것은 어느 정도 탁월한 효과를 발휘했다. 처음에 긍정의 힘의 근거는 하나님의 능력과 역사에 대한 신뢰에 두었다. 그것이 기독교적인 긍정이다. 분명히 놀라운 열매가 있었다. 그런데 문제가 발생했다. 무엇 때문일까?

두말할 것도 없이 목적이 변경되었거나 지나치게 자신이 원하는 목적을 추구했기 때문이다. 분명히 처음에 긍정적 사고방식은 하나님의 인도와 섭리에 기초했다. 하나님이 인도하실 것에 대한 신뢰였다. 다니엘의 세 친구가 했던 고백처럼.

그들의 마음에는 '그렇게 하지 아니하실지라도'라는 고백이 있었다. 이때 그들의 목적은 하나님이었다. 그런 까닭에 설령 극렬한 풀무불에서 구원받지 못할지라도 상관이 없었다. 이것이 진정한 기독교의 긍정이다.

그런데 긍정적 사고방식을 자신의 목적을 이루는 수단으로 삼으면서 위험해졌다. 이때 하나님은 목적이 아니라 자신의 목적을 이뤄주는 알라딘의 지니 같은 존재로 취급되기 때문이다. 또 다른 문제는 지나치게 목적, 목표 곧 미래에 관심이 이동됨으로써 현재를 잃게 된다는 데 있다. 현재를 누리거나 즐기는 삶이 불가능해진 것이다.

그래서 신앙의 깊이에 이른 사람들의 마지막 고백이나 권면은 바로 하나님이 목표이고, 목적이라는 것이다. 매우 당연한 귀결이다.

그렇게 하지 아니하실지라도
왕이여 우리가 왕의 신들을 섬기지도 아니하고
왕이 세우신 금 신상에게 절하지도 아니할 줄을 아옵소서
단 3:18

하박국 선지자도 같은 고백을 했다.

내가 들었으므로 내 창자가 흔들렸고

그 목소리로 말미암아 내 입술이 떨렸도다

무리가 우리를 치러 올라오는 환난 날을

내가 기다리므로

썩이는 것이 내 뼈에 들어왔으며

내 몸은 내 처소에서 떨리는도다

비록 무화과나무가 무성하지 못하며

포도나무에 열매가 없으며

감람나무에 소출이 없으며

밭에 먹을 것이 없으며 우리에 양이 없으며

외양간에 소가 없을지라도

나는 여호와로 말미암아 즐거워하며

나의 구원의 하나님으로 말미암아 기뻐하리로다

주 여호와는 나의 힘이시라

나의 발을 사슴과 같게 하사

나를 나의 높은 곳으로 다니게 하시리로다

합 3:16-19

이 같은 모습이 최고의 노력이다. 실제로 삶 속에서 이렇게 행동하는 것이다. 매우 아름다운 모습이다.

우리가 아름다운 일을 할 때

낙심하지 말아야 한다.

아름다움은 아름다음으로

아름답기 때문이다.

그러므로 포기하지 말아야 한다.

어느 날 아름다움을 거둘 것이기 때문이다.

갈 6:9 하정완의 역

이제 남은 것은 하나님을 의식하고 생각하고 추구하며 그분과 함께 오늘을 사는 것이다. 우리가 할 수 있는 최고의 노력이다.

이것이 나의 행복

〈카모메 식당〉이라는 일본 영화가 있다. 핀란드 헬싱키에서 식당을 운영하는 사치에와 그 주변 사람들의 이야기인데, 그 중 사치에가 자신을 돕던 미도리와 나눈 대화가 인상 깊었다.

미도리: 만일 내일 세상이 끝난다면 마지막으로 뭘 할 거예요?

사치에: 엄청 맛있는 걸 먹고 죽을 거예요.

미도리: 역시!

사치에: 저는 세상이 끝나는 날엔 꼭 맛있는 걸 먹을 거예요. 좋은 재료를 써서 잔뜩 만들고 좋은 사람만 초대해서 술도 한 잔 하면서 느긋하게 식사를 즐기는 거죠.

미도리: 저도 불러주실 건가요?

지금까지는 '종말이 온다면 먹고 마시는 일이 무슨 의미가 있을까?' 하는 생각을 했었다. 그런데 이 영화를 보면서 다시 전도서 말씀이 들어오기 시작했다. 그동안 놓쳤던 본문이었다. 전도서에 숨어 있는 인생의 즐거움에 대한 이야기 말이다.

사실 전도서에는 우울한 이야기들이 많이 적혀 있다. 몇 구절만 읽어보면 금방 알 수 있다.

헛되고 헛되며 헛되고 헛되니

모든 것이 헛되도다

해 아래에서 수고하는 모든 수고가 사람에게

무엇이 유익한가

전 1:2,3

내가 해 아래에서 행하는 모든 일을 보았노라

보라 모두 다 헛되어 바람을 잡으려는 것이로다

전 1:14

사람이 하늘 아래서

제아무리 애를 태우며 수고해 본들

돌아올 것이 무엇이겠는가?

날마다 낮에는 뼈아프게 일하고

밤에는 마음을 죄어 걱정해 보지만

이 또한 헛된 일이다.

전 2:22,23 공동번역

전도서는 모든 것이 헛되다고 말한다. 그러므로 헛되지 않은 것을 추구하라고 권한다. 바로 그분이 하나님이시다. 전도서 기자가 하는 권면의 핵심은 12장 1절 말씀이다.

너는 청년의 때에

너의 창조주를 기억하라

곧 곤고한 날이 이르기 전에,

나는 아무 낙이 없다고 할 해들이 가깝기 전에

해와 빛과 달과 별들이 어둡기 전에,

비 뒤에 구름이 다시 일어나기 전에 그리하라

전 12:1,2

전도서 기자는 친절하게도 책의 끝부분에 전도서 전체를 요약
해서 적어놓았다.

흙은 여전히 땅으로 돌아가고
영은 그것을 주신 하나님께로 돌아가기 전에 기억하라
전도자가 이르되
헛되고 헛되도다 모든 것이 헛되도다
전 12:7,8

사실 전도서의 이 같은 분위기를 읽으면 좀 우울해진다. 동시
에 이런 질문이 생긴다.
'그러면 인생을 무슨 재미로 살지?'
그런데 전도서를 잘 읽다보면 하나님이 우리에게 즐거움을 주
신 것을 알 수 있다. 아름다운 즐거움이다. 말씀과 기도와 신
앙생활은 늘 강조하듯이 쾌락이다. 즐거움이다.
우리가 즐거움을 누릴 수 있는 통로들이 또 있다. 물론 전도서
기자가 인생을 살면서 깨달은 것이다.

첫째는 가족과 친밀한 사람들과 누렸던 사랑의 기억이다.

두 사람이 한 사람보다 나음은

그들이 수고함으로 좋은 상을 얻을 것임이라 …

또 두 사람이 함께 누우면 따뜻하거니와

한 사람이면 어찌 따뜻하랴

전 4:9,11

네 헛된 평생의 모든 날

곧 하나님이 해 아래에서 네게 주신 모든 헛된 날에

네가 사랑하는 아내와 함께 즐겁게 살지어다

그것이 네가 평생에 해 아래에서

수고하고 얻은 네 몫이니라

전 9:9

둘째는 먹는 즐거움, 식탁의 교제이다. 물론 여기서 말하는 즐거움이란 탐욕과 식탐을 말하는 게 아니다. 전도서 기자는 이 먹는 즐거움이 육신을 즐겁게 하는 음주(전 2:3)나 입을 위한 식욕(전 6:7)과 다른 것임을 분명히 말한다. 그런 것들을 제외하면 전도서에는 먹는 이야기가 가득하다.

사람이 먹고 마시며 수고하는 것보다

그의 마음을 더 기쁘게 하는 것은 없나니

내가 이것도 본즉

하나님의 손에서 나오는 것이로다

전 2:24

영화 속의 미도리가 던진 질문, '세상의 종말이 온다면 무엇을 할까?' 답이 정말 명쾌해졌다. 이 같은 즐거움으로 음식을 만드는 카모메 식당은 금방 사람들로 가득 찼다. 그곳의 음식은 행복이었기 때문이다.

사람은 모름지기 수고한 보람으로
먹고 마시며 즐겁게 지낼 일이다.
이것이 바로 하나님의 선물이다.

전 3:13 공동번역

멈추고 침묵하라

멈추고 침묵하기

직접 해보면 알겠지만 가장 힘든 것은 멈추는 것이다. 특히 이 세상을 살면서 멈추는 것은 더욱 그렇다. 그러므로 '하루 종일 하나님과 동행하기' 프로젝트를 떠나 '하나님과 동행하기'의 핵심은 '멈추고 침묵하기'이다.

사실 우리는 세상의 소리에 익숙해져 있다. 요란하고 화려한 소리들. 엘리야가 하나님을 만날 때로 비유하면 '강한 바람, 지진과 불'로 표현되는 요란함과 강력함 같은 것 말이다. 그래서 엘리야 선지자는 그 같은 강력함에 귀를 기울였던 것 같다. 그런데 그런 방법으로 하나님은 오시지 않았다. 놀랍게도 그분의 임재는 '세미한 소리' 가운데였다.

여호와께서 이르시되

너는 나가서 여호와 앞에서 산에 서라 하시더니

여호와께서 지나가시는데

여호와 앞에 크고 강한 바람이 산을 가르고

바위를 부수나 바람 가운데에

여호와께서 계시지 아니하며

바람 후에 지진이 있으나 지진 가운데에도

여호와께서 계시지 아니하며

또 지진 후에 불이 있으나 불 가운데에도

여호와께서 계시지 아니하더니

불 후에 세미한 소리가 있는지라

왕상 19:11,12

우리를 유혹하는 세상의 시스템에 매몰되지 않기 위하여 고독을 배워야 한다. 또 세상에 익숙해진 거짓 자아의 음성으로 위장된 금송아지 하나님의 음성을 듣지 않기 위해 침묵과 말씀을 통한 하나님 음성 듣기 훈련을 게을리하지 말아야 한다. 소유하는 것에 얽매이지 않기 위해 육체적 침묵인 가난과 청빈의 삶의 태도도 배워야 한다.

우선 멈추고 침묵하는 것이 그 시작이다. 이 글을 읽는 것을 포함하여 모든 것을 멈춰보라. 음악을 비롯한 모든 소리를 끄고 눈을 감은 뒤 침묵을 시작하라. 최소한 10분간 하되, 어려우면 5분이라도 하라. 지금 바로 해보라.

나는 침묵하노라

하나님은 우리의 피난처시요 힘이시니

환난 중에 만날 큰 도움이시라

그러므로 땅이 변하든지

산이 흔들려 바다 가운데에 빠지든지

바닷물이 솟아나고 뛰놀든지

그것이 넘침으로 산이 흔들릴지라도

우리는 두려워하지 아니하리로다(셀라)

시 46:1-3

이 말씀만 봐도 우리는 시편 기자가 만난 상황이 매우 심각하다는 것을 알 수 있다. 땅이 변하고, 산이 흔들리며, 바다가 솟아난 상태이다. 도무지 가만히 있을 수 없는 상태이다. 그때 우리는 무엇이든 하려고 한다. 그것이 당연하다.

그런데 이같이 무엇이든 해야 하는 상황에 처한 시편 기자에게 하나님이 "가만히 있으라"고 하셨다. 무엇이든 해야 하는데, 무엇도 하지 말라는 말씀은 정말 놀랍다.

너희는 가만히 있어 내가 하나님 됨을 알지어다
내가 뭇 나라 중에서 높임을 받으리라
시 46:10

"가만히 있으라"는 이유는 간단하다. 하나님이 하시겠다는 것이다. 지금까지 하나님이 하셨다는 말씀과 함께. 정말로 어떻게 해야 할지 모를 만큼 힘든 상황에서 우리가 해야 할 일은 무엇인가? STOP! 무엇이든 하는 것을 멈추는 것이다.
상황을 이기거나 모면해보려고 무엇을 하는 것이 아니라 아무것도 하지 않는 것이다. 단순히 무엇을 하지 않는 것이 아니라 더 적극적인 것을 하기 위해 멈추는 것이다.
당연히 무엇을 하기 위함이다. 그러면 무엇을 하기 위함인가? 하나님을 아는 것이고 그분과 친밀해지는 것이다.

Be still, and know that I am God.
시 46:10 NIV

너희는 잠깐 손을 멈추고, 내가 하나님인 줄 알아라.

시 46:10 새번역

모면하기 위해 무엇을 하는 것이 아니라 모든 일을 멈추고 하나님을 의식하라는 말이다. 그것이 진정한 기도다. 멈추고 하나님을 생각하고 의식하는 것. 무엇을 도와달라고 기도하는 게 아니라 "하나님이 계시다"는 것을 의식하는 것, 그분을 생각하는 것이다. 이 연습을 권면한다. '하루 종일 그분과 동행하기'의 핵심이다. 무엇이든 하다가 멈추고 침묵하라.

하나님을 생각하는 것은 그분을 의식하고 기다리는 것이다. 그분의 임재 앞으로 나가는 것이다. 이것의 가장 정확한 표현은 당연히 '침묵'이다. 그래서 "Be still"이 적합한 번역으로 보인다. 이 말씀을 우리가 쓰는 언어로 바꾸면 이렇다.

멈추고 침묵하라!

"하루 종일 하나님과 동행하기" 간증

🌿 두려움을 넘어 변화로

지금까지 10년 넘게 신앙생활을 해오면서 여러 집회와 수련회, 특별기도회에 참여했지만 '달라지지 않는' 나를 발견했다. 스스로를 자책도 했지만, 이런 경험이 거듭될수록 피하고 싶은 일이 되어버렸다. 이번 훈련을 하게 된 진짜 계기는 공동체 리더라는 책임감 때문이었다. 이 또한 내게는 큰 부담이었다.

지금껏 내가 하나님을 '열망'한다고 생각했던 것보다 훨씬 적은 시간 동안 주님을 생각했고, 그보다 훨씬 많은 시간을 세상에 쏟고 있었다는 걸 알게 됐다. 내 마음에 크게 감동이 된 것은 '한 것이 없는데도 한 것처럼 대하시는' 은혜, 그래서 내일을 만날 수 있게 하시는 하나님의 마음이었다. 새로운 하루를 시작할 수 있는 '용기'를 내게 주신 것 같았다.

아직도 나는 예전 모습 그대로이다. 매일 나를 치며 복종시켜야 하는 연약한 사람이고 그래서 하나님이 필요한 사람이다. 하지만 '이제껏 그랬으니까 또 안 될 거야'라는 부정적인 생각은 버리고 싶다. 특별히 무언가를 해서 한번에 확 달라지는 일은 없을 것 같다. 하지만 하루하루가 쌓여 나중에 지금의 나를 돌아보면 '참 많이 달라졌구나'라고 고백할 수 있을 것이다. 유효정(청년공동체 리더)

🌿 날마다 동행할 용기를 얻다

날마다의 용기 4,5일째가 고비였다. 아침을 말씀으로 시작하지 못하거나 정신없이 바쁜 하루를 시작하면 이상하게 차분히 앉아 글을 읽을 수가 없었다. 아마 그동안 '내 중심'으로 살아왔다는 흔적일 것이다. 하지만 매일의 훈련 가운데 나도 모르게 조금씩 의식하게 되었다. 이런 훈련 가운데 하루 종일 하나님과 동행하기 프로젝트가 시작되었다. 첫 시작부터 달랐다. 내 주위 사람들에게 알리는 것, 이것은 나를 하루 종일 의식하게 만들었다. 그리고 그 사람들의 격려와 기도로 오히려 내가 더 의식하게 되었다.

하루의 시작은 '아침'이지만, 아침을 결정하는 것은 '밤'이라는 것이 가장 중요한 깨달음이었다. 시간의 여유를 가지고 아침의 속도를 조절하는 삶이 얼마나 다른지를 경험했다.

30분간 말씀을 묵상하는 그 시간이 힘들었다. 계속 말씀을 읽고 묵상한다는 것이 얼마나 귀한지 미처 몰랐다. 오후 3시 같은 사람이 생각나는 오후시간을 지내고, 저녁과 밤을 지내며 하루를 보냈다. 하나님을 생각하며, 기억하며 보내는 하루가 쉽지 않았다. 하루의 모든 스케줄을 비우는 것도, 일정 가운데서 이를 소화하는 것도 힘들었다. 하지만 여기에서 가장 중요한 것은 내 마음가짐이라는 생각이 들었다. 또 우선순위가 확고해지면 가능한 일이라는 생각을 했다. 날마다의 노력은 날마다의 용기를 필요로 했고, 날마다의 훈련이 날마다의 용기를 가져다주었다. 김유빈(청년공동체 전도사)

🌿 일상 속의 동행 훈련

새벽예배 참석 후 출근하고, 여러 회의와 업무들, 연말이라 이어지는 회식자리. 이 프로젝트를 진행하기에는 너무 빠듯한 하루였다. 아침에 '주말로 정했더라면 더 집중해서 말씀을 읽고 묵상하고 과제들도 훨씬 더 잘 할 수 있지 않았을까?'라는 생각이 들었다. 계속되는 회의로 시간을 지켜 수행하기가 쉽지 않았으며, 회식자리에서도 조용한 곳으로 잠깐 나와 시간을 내기까지 결코 쉽지 않았다.

그러나 하루의 프로젝트를 마치는 시점에 이런 생각이 들었다. 오히려 일상 속에서 이루어진 프로젝트이기에 더 의미 있었던 것 같다고. 날마다의 용기! '나의 날마다' 속에서 하나님과 어떻게 동행할 수 있는지 실제적으로 훈련할 수 있어 정말 좋았다. 하나님을 기억하고 열망함으로 나의 날마다를 채울 수 있었다는 게 감사할 뿐이다.

또 말씀을 읽고, 암송하고, 묵상하는 일이 즐거워졌다. '말씀을 읽으며 아침을 만나다' 10일 동안의 말씀 훈련을 통해 말씀이 내 안에 쌓이고, 쌓인 말씀들이 서로 이어져 더 큰 이해함을 누리면서 말씀을 주야로 묵상하는 일이 즐거웠다. 최근 공동체 내에서 말씀암송 운동을 시작하면서 외웠던 말씀들이 문득 생각나면서 암송도 내 마음의 즐거움이 되었다. 서효성(대학교 교직원)

🌿 제대로 살고 싶어졌다

10일간 '날마다의 용기'를 진행하면서 문제 가운데 내 힘으로 해결하려 했던 부분들을 내려놓을 수 있었다. 침묵과 기록을 통해 하나님의 인도하심과 은혜를 구하는 시간은 큰 힘이 되었다. 목요일 새벽기도에 실패하고 일어나자마자 묵상과 침묵기도로 시작했다.

나름 계획을 세워서 하루를 보내고 있다고 생각을 했지만 지난 시간 밤을 돌아보며 내 죄와 문제들을 직면할 수 있었다. 예수님께서 십자가에서 돌아가심은 내 죄로 인한 값이었다. 그럼에도 불구하고 죄의 도구로 사용했던 하루의 순간들과 순종의 예수님 십자가가 충돌하여 나는 작아져만 갔다.

내게 주셨던 말씀은 "그런즉 너희가 알지 못하고 위하는 그것을 내가 너희에게 알게 하리라"(행 17:23)였다. 그 중에서도 "알게 하리라"라는 말씀이었다. 하루 동안 하나님께서는 내 경건하지 못했던 시간들을 돌아보며 알게 하셨다. 그리고 순종으로 하나님의 뜻을 다 이루시는 예수님을 알게 하셨다. 앞으로 내가 어떻게 살아야 하는지 또한 알게 하셨다. 모준석(조각가)

🌿 오늘을 잊어라

10일 동안 '날마다의 용기' 프로젝트를 하며 기뻤다. 그동안 제대로 하지 않던 큐티도 시작했고, 하루의 마침 혹은 시작을 목사님의 말씀으로 할 수 있었다. 그러다 보니 육아와 살림에 지쳐 점점 무거워지고 게을러졌던 마음이 가벼워졌고, 즐거움과 인내가 더 생긴 듯했다. 하루 종일 하나님과 동행하는 날이 기대가 되고 설렜다.

"너희가 알지 못하고 위하는 그것을 내가 너희에게 알게 하리라"(행 17:23). 하나님께서 내게 어떤 것을 알려주실지 기대가 컸다. 그런데 하필이면 이날, 아이가 계속 울고, 낮잠도 깊이 못 자고 칭얼거렸다. 그래서 제대로 말씀묵상을 할 시간도 없었다. 틈틈이 목사님의 책을 읽으며 다윗의 모습에서 내 모습을 보았다. 하나님과 사이가 아주 멀어진 모습, 하나님을 잊고 지낸 것을 의식하지 못하고 있던 것을. 기도와 말씀에 집중하지 못하면서 육아 때문이라고 핑계를 대며 하나님과 잘 지내고 있는 줄 착각하고 있었던 것이다.

마음이 무거웠다. 하루 종일 하나님과 동행하면 내내 즐거울 거라 기대했는데, 하나님께 다가가니 빛이 내 모습을 적나라하게 보여주었다. 나를 적당히 꾸미고는 절대 그분을 만날 수가 없음을 깨닫고, 깊이 회개했다. 마무리를 하면서 "오늘을 잊어라"라는 말씀이 너무나 감사했다. 이은선(플루트 연주자)

🌿 주님은 늘 함께하셨다

아이들을 양육하면서 내 한계와 어려움에 부딪혀 마음이 많이 어려웠다. 육아서적도 도움이 되었지만 약간의 팁일 뿐이지 오래가진 못했다. 하루 종일 하나님과 동행하기를 참여하면서 날마다 정신없이 하루를, 일주일을, 한 달을 보냈다는 생각이 들었다.

D데이 전날 밤 "하나님이 이르시되 빛이 있으라 하시니 빛이 있었고"(창 1:3)라는 말씀을 묵상하는 중에 엄청난 기쁨이 있었다. 하나님 말씀이 이미 내재하고 있는 빛을 나오라고 허락하신 것이다.

하나님 말씀이 들어오니 혼돈이 질서로, 공허가 꽉 참으로, 흑암이 빛으로 바뀌는 것을 느꼈다. 너무 황홀하고 행복하고 보화를 캐낸 듯

기뻤다. 앞으로 하루를 마치는 시간을 떼어 미리 묵상을 하고 취침을 해야겠다. 습관이 될 때까지 달력에 표시를 해서 묵상하려 한다. 내가 몰랐다 뿐이지 주님은 늘 함께하셨다! 이경희(사모)

넘어지더라도 시작하자

하루 종일 하나님과 동행하기를 하면서 세 가지를 다짐했다. 첫째는 '밤을 지키는 것'이다. 신독(愼獨)이라는 말이 있다. 직역은 '홀로 있음을 삼간다'라는 말이지만, 혼자 있을 때에도 도리에 어긋남이 없이 자기 스스로를 지킨다는 뜻이다.

하지만 '밤을 지키기'에서 난 외롭지 않다. 나를 사랑하시는 절대자가 계시기 때문이다. 다른 사람과 달리 낮에 시간이 많기에 낮에 할 만한 일들을 찾아보고자 한다. 우선 말씀 읽기, 공부, 독서, 꾸준한 운동부터 시작해야겠다.

둘째는 '아침의 십자가'이다. 아침에 십자가를 의도적으로 생각하겠다. 하나님의 창조의 의지는 나를 위함이고, 그 사랑의 완성인 십자가를 통해서 내 하루가 시작되길 소원한다.

셋째는 '흉내내기'이다. 내가 진심으로 할 수 없는 것들에 대해 의도적으로 피하는 경향이 있다. 정오기도, 오후 3시 기도를 흉내라도 내보겠다. 내가 다짐한 세 가지가 어쩌면 금방 무너질지도 모른다. 하지만 넘어지더라도 시작조차 못하는 것보단 낫다는 생각이 든다. 고대우(학원 운영)

2

10일
동안의
준비

하루 종일 하나님과 동행하기의 시작은 아침이다. 하지만
그 아침을 결정하는 것은 밤이다. 어젯밤을 어떻게 보냈는
가는 이미 아침의 모습을 결정하고, 낮의 생활을 결정할 것
이기 때문이다.

마치 폭주 기관차처럼 달려가던 세상에서 우리는 지난 15일 동안 '날마다의 용기'를 통하여 '멈춤'을 훈련했다. 이 훈련은 '하루 전체'를 멈추는 '하루 종일 하나님과 동행하기'를 잘 할 수 있게 도울 것이다. 앞으로 10일 동안 하루의 밤과 아침 그리고 오전과 오후를 어떻게 살아갈지 준비할 것이다. 하루 종일 하나님과 동행하기를 언제 시도할지 다음을 유의하여 날짜를 정하라.

1. 특별한 날이 아니라 일상적인 날이어야 한다

하루 종일 하나님과 동행하기 프로젝트는 특별한 날을 정해 휴가를 내고 홀로 하나님과 동행하는 것이 아니다. 매우 **일상적인 하루**를 정해 실행하는 것이 중요하다. 물론 바쁜 시험 기간이나 특별한 행사가 있는 날을 잡는 것 또한 적절하지 않다.

2. 주중에서 택하라

가장 적절한 시간은 주초 바쁜 월요일을 지나 **화요일에서 목요일 중 하루**를 택하기를 권한다. 가장 평범한 일상일 확률이 높기 때문이다.

3. 반드시 기본을 갖춘 상태여야 한다

1부에서 요청한 기본 훈련들을 한 상태여야 한다. 그 훈련을 통해서 배웠던 **말씀묵상, 큐티, 침묵기도** 등 다양한 방법들을 사용하여 진행할 것이기 때문이다.

이제 준비되었다면 잠시 기도한 후에 날짜를 정하라. 그리고 그 날짜를 적으라.

하루 종일 하나님과 동행하기를 실행할 날짜가 정해졌으면 멘토와 목회자들을 비롯한 소수의 지체들에게 그 날짜를 알리고 기도를 요청하라. 5-10명의 인원이 적절하다.

당신이 하루 종일 하나님과 동행하기를 하는 날 만나게 될 사람들에게는 중보기도를 요청하는 것을 피하라. 하루 동안의 동선에는 그 사실을 아는 사람이 없어야 한다. 훈련의 목적은 일상적 삶에서 하나님과 동행하는 시간을 갖는 것이기 때문이다.

기도를 요청한 사람들의 이름을 적어보라.

'하루 종일 하나님과 동행하기'를 하기로 정한 날의 전날 저녁부터 동행하기가 시작된다. 무엇보다 먼저 중보기도 하는 이들에게 메시지나 전화로 알려라. 그리고 다음 장의 D-10 글을 읽으며 10일 전부터 D데이를 준비하라.

넋 놓고 있는 밤은 위험하다

어느 날 저녁에 다윗은 침대에서 일어나

궁전 옥상을 거닐다가

목욕을 하고 있는 한 여인을 보게 되었다.

매우 아름다운 여인이었다.

삼하 11:2 공동번역

"어느 날 저녁"은 부하들이 치열한 전쟁에 나가 싸우고 있는 때였다. 군대장관 요압이 이끄는 이스라엘군은 이미 암몬 자손을 멸하고 암몬의 수도인 랍바(삼하 12:26) 전투를 앞두고 있었다. 랍바는 가파르게 올라간 높은 고원 지대의 꼭대기에 자리 잡은 요새였기 때문에 매우 치열한 싸움이 예고되었다. 그래서 왕은 전쟁에 나간 군대의 소식을 시시각각 듣고 점검해야 하는 상황이었다. 그런데 다윗은 그날 황혼이 지던 저녁 시간에 목욕하는 한 여인을 보았다. 넋 놓고 있던 저녁의 일이었다.

밤의 유혹

넋 놓고 있던 저녁은 바로 밤의 유혹으로 이어졌다. 다윗은 사람을 보내어 그 여인이 누구인지 알아보게 했다. 그 여인은 "엘리암의 딸이요 헷 사람 우리아의 아내 밧세바"(삼하 11:3)였다. 우리아는 자신의 유력한 장수 중 한 사람이었다. 더욱이 밧세바는 엘리암의 딸이었다.

엘리암은 밧세바의 아버지이기 전에 다윗에게는 매우 중요한 인물이었다. 그는 길로 사람인 아히도벨의 아들로, 그 옛날부터 다윗과 동고동락했던 서른 명의 용사 중 한 명이었다(삼하 23:34).

하지만 그 사실이 다윗을 막지는 못했다. 이미 그가 보고 경험한 것이 그 밤의 행동과 다음 날과 미래를 결정해버렸다. 그것이 얼마나 강력했는지는 엘리암의 딸인 줄 알면서도 행한 더러움에서 알 수 있다. 그 밤에 다윗은 밧세바와 정을 통한 후에 조용히 집으로 돌려보냈다. 그러면 괜찮을 것이라고 생각했기 때문이다.

◆◆◆ 나의 깨달음 적기

대충 처리한 시간은 위험하다

다윗은 그 일을 잊었다. 고작 하룻밤의 즐거움으로 마무리한 것이다. 그런데 몇 주가 지나 밧세바로부터 임신 소식을 듣는다. 전혀 예상하지 못한 상황이었다.

한번 무너진 다윗은 연속해서 무너졌다. 우리가 너무나 잘 알고 있듯이, 충성스러운 장수인 우리아를 죽게 만드는 다윗의 끔찍한 살인교사는 계속되었다. 다윗은 우리아의 장례를 마치자마자 밧세바를 왕궁으로 데려와 아내로 삼았다(삼하 11:27). 매우 태연스러운 행동이었다.

저녁의 유혹은 밤의 행동과 다음 날로 이어지는 모든 행동을 결정지었다. 모든 것을 완벽하게 위장하고 마무리했다고 여겼다. 그런데 그때부터 다윗에게 '내일의 공격'이 시작되었다. 하지만 당장 일어나지는 않았다. 다윗은 밧세바가 임신한 기간 동안 아무 일도 없었던 것처럼 행동했다. 그는 회개하지 않았다. 은밀하게 행했기 때문에 아무도 모를 줄 알았다.

드디어 밧세바가 아들을 낳았다. 매우 좋았다. 그런데 어느 날, 나단 선지자가 나타났다. 하나님이 보내신 것이다. 그가 끔찍한 예언을 하기 시작했다. 우리아와 다윗을 빗대어 어떤 가난한 사람의 양을 빼앗은 부한 사람의 이야기를 들려준 후에 하나님의 뜻을 전했다.

그런데 어찌하여 너는 나를 얕보며
내 눈에 거슬리는 짓을 했느냐?
너는 헷 사람 우리야를 칼로 쳐죽였다.
암몬군의 칼을 빌어 그를 죽이고
그의 아내를 빼앗아 네 아내로 삼았다.
네가 이렇게 나를 얕보고
헷 사람 우리야의 아내를 네 아내로 삼았으니,

너의 집안에는 칼부림 가실 날이 없으리라…

바로 네 당대에 재난을 일으킬 터이니 두고 보아라.

네가 보는 앞에서 네 계집들을 끌어다가

딴 사내의 품에 안겨 주리라.

밝은 대낮에 네 계집들은 욕을 당하리라.

너는 그 일을 쥐도 새도 모르게 했지만,

나는 이 일을 대낮에 온 이스라엘이 지켜보는 앞에서 이루리라.

삼하 12:9-12 공동번역

하나님은 모든 것을 알고 계셨다. 드디어 하나님의 진노, 내일
의 공격이 시작된 것이다.

◆◆◆ 나의 깨달음 적기

....

....

....

....

....

....

109

진정성 없는 기도는 위험하다

나단이 밧세바가 낳은 아들이 죽을 것이라고 예언하자마자 아이는 심한 병을 앓았다(삼하 12:15). 다윗은 아이를 위한 금식기도를 시작하지만 일주일 만에 아이는 죽고 만다. 그리고 그의 금식기도 또한 끝이 난다.

다윗은 매우 태연하게 목욕을 하고 머리에 기름을 바르고 옷을 갈아입고 음식을 먹는 등 일상적인 삶으로 돌아갔다. 신하들은 그런 다윗의 행동에 의아해했다. 그들의 질문에 다윗은 이처럼 행동하는 이유를 이렇게 말했다.

아이가 살았을 때에 내가 금식하고 운 것은

혹시 여호와께서 나를 불쌍히 여기사

아이를 살려 주실는지 누가 알까 생각함이거니와

삼하 12:22

매우 그럴듯해 보이지만, 다윗이 반드시 해야 함에도 하지 않은 일이 있었다. 단순히 아이를 살려달라는 기도가 아니라, 그가 지은 죄의 결과이니 자신의 목숨을 가져가더라도 아이를 살려달라는 기도를 해야 했다. 자신의 목숨을 담보로 한 기도가 있어야 했는데, 그는 그렇게 하지 않았다.

그것이 다윗의 영성의 한계, 지나치게 현실에만 뿌리박은 영성의 문제였다. 그의 수준은 그것밖에 되지 않았다. 그는 보이는 문제만 끝나면 모든 것이 끝나는 줄 알았다. 그래서 일주일 동안의 금식으로 모든 것이 끝났다고 생각한 것 같다. 그러나 아직도 끝난 것이 아니었다.

대충 무마한 오늘이 내일을 공격하다

다윗이 쉽게 금식을 풀고 기도를 끝내서는 안 되는 이유는 또 있다. 나단의 또 다른 예언, 다윗의 아내들이 백주에 겁탈당할 것이라는 예언도 아직 해결되지 않은 상태였기 때문이다. 더욱이 나단 선지자가 "그 사람들이 네 아내들과 더불어 백주에 동침하리라"(삼하 12:11)라고 예언했지만 다윗은 "그 사람"이 누구인지에 대해 관심도 없었다. 또한 그 문제를 해결하고자 하는 시도도 하지 않았다.

호주의 타조는 사냥꾼이나 맹수들이 쫓아오면 도망치다가 자신의 얼굴을 구덩이 속으로 집어넣는다고 한다. 몸뚱아리는 밖에 노출한 채 말이다. 자신의 얼굴을 구덩이 속에 집어넣은 타조는 적이나 사냥꾼이 보이지 않는다. 다윗이 마치 이 타조와 같았다.

나름대로 정한 만큼의 행동을 하고는 모든 것이 끝났다고 스스로 만족해했다. 죄를 잊었다. 하지만 우리가 잊는다고 해서 혹은 일방적으로 내가 작정한 기도의 기간을 다 채운다고 해서 모든 것이 해결된 것은 아님을 깊이 이해해야 한다.

다윗이 다 끝났다고 생각했던 나단의 예언, 자신의 금식기도로 다 끝났다고 생각했던 그 예언은 비참하게도 아들 압살롬에 의해 실현된다. 나단의 예언대로 다윗의 부인들을 겁탈한 "그 사람"은 바로 다윗의 아들 압살롬이었다(삼하 16:22). 말할 수 없는 수치였다. 그 예언을 대수롭지 않게 여기던 다윗이 만난 비참한 현실이었다.

일주일의 금식기도로 끝났다고 생각한 사건이 터지고야 말았다. 앞을 내다보지 못하고 현실에만 뿌리박은 영성의 결과였다. 정확히 말해서 다윗은 미래를 보지 못하는 영성을 갖고 있었다. 그의 그릇이 그 정도밖에 되지 않았다.

◆◆◆ 나의 깨달음 적기

내일에 영향을 주었다

촘촘히 연결된 미래를 회개하고 철저히 자신을 부인하면서 하나님 앞에 서지 않았던 다윗에게 미래는 무서운 모습으로 다가왔다. 그 시작은 다윗의 삶을 그대로 배운 아들 암논의 행동이었다.

자신의 죄를 우습게 알고 자신 안에서만 회개하면 끝나는 것으로 생각한 다윗에게 찾아온 죄의 열매였다. 암논은 다윗이 눈하나 깜짝하지 않고 우리아를 죽인 것처럼 그렇게 이복누이동생인 다말을 겁탈했다.

다윗에게는 끝난 문제였을지 모르지만 자식들에게는 끝난 문제가 아니었다. 그의 매우 가볍고 편의주의적인 회개기도를 보면서 암논은 그렇게 행동했을 것이다.

사실 충실한 신하의 아내를 빼앗아 겁탈하고 그것을 감추기 위해 그 남편을 죽인 일이, 자발적인 회개도 아닐 뿐더러 하나님의 경고 앞에 고작 일주일의 금식으로 끝날 문제인가! 비록 부정하게 낳은 아들이긴 하지만 아들의 죽음 앞에 오히려 더 많은 날 동안 옷을 찢고 재를 뒤집어쓰면서 회개해야 할 문제였지, 아무 일도 없었던 것처럼 돌아올 문제가 아니었다.

그것을 암논이 배운 것이다. 그런 의미에서 암논의 범죄는 바로 다윗의 범죄였다. 하지만 다윗은 자기 자신만 바라보고 있었기에 암논은 염두에도 없었고, 이로 인해 상처받은 압살롬은 생각도 하지 못했다.

다윗은 암논의 행위에 대해 분노했지만(삼하 13:21) 그것으로 끝이었다. 암논을 징계하지 않았다. 사실 그는 아들을 징계할 수 없었다. 그 자신이 부도덕한 아버지였기 때문이다. 그때 다윗은 회개했어야 했다.

하지만 여기서도 촘촘히 얽힌 미래를 보지 못했다. 현실만 보고, 대충 넘어가길 원했다. 이제 다윗의 죄는 촘촘히 얽혀 압살롬에게로 넘어간다. 압살롬은 자신의 친누이 다말을 위해 분노하여 암논을 죽인다. 이번에도 다윗은 무책임했다. 그것으로 끝났다고 생각했다. 그는 모든 원인이 자신에게서 비롯되었다는 것을 읽을 눈과 영성이 없었다. 어떤 조치도 취하지 않았다.

암논의 죽음 앞에 자신의 잘못으로 인한 것임을 고백하는 처절한 회개도 없었고, 누이 다말을 위해 이복형제를 죽일 수밖에 없었던 압살롬에 대한 긍휼함도 없었다.

암논을 죽이고 도망간 압살롬이 3년 후에 요압의 간청으로 다시 예루살렘으로 돌아왔지만 다윗은 그를 위로하지도, 보려고 하지도 않았다. 2년 동안이나 외면했다(삼하 14:28). 다윗은 자신의 잘못을 기억하지 못하는 매우 단편적인 사람이었다.

그토록 사정하는 요압 때문에 다윗은 아들 압살롬을 만나지만 그것이 끝이었다(삼하 14:33). 그는 그때에도 압살롬을 위로해주지 못했다. "아들아 미안하다"라는 한마디 말도 하지 못했다. 아들을 꼭 끌어안고 통곡하지도 못했다. 다 끝난 일이라고 생각했던 것 같다.

과거와 촘촘히 얽힌 현재 그리고 그 현재는 미래와도 매우 촘촘히 얽혀 있다는 것을 현실에만 뿌리박은 영성을 가진 그는 이해할 수 없었다. 그래서 아버지를 만나고 난 후에 압살롬은 곧바로 반란을 준비한다(삼하 15장). 그것은 아버지 다윗이 뿌린 씨앗의 열매였다.

◆◆◆ 나의 깨달음 적기

신앙은 밤에 이루어진다

모든 것의 시작은 저녁이었고, 밤으로 이어져서 다음 날과 그의 미래를 결정한다. 우리는 여기서 내일의 성공은 오늘 저녁과 밤의 성공과 관계 있음을 알 수 있다.

구약의 하나님의 사람들은 저녁 제사(시 141:2)에서 이어지는 밤의 삶을 중요하게 여겼다. 그들은 모두 밤을 이긴 사람들이었다. 사실 밤이 위험하기 때문이다. 시험받기 쉬운 시간이다.

주께서 내 마음을 시험하시고

밤에 내게 오시어서 나를 감찰하셨으나 흠을 찾지 못하셨사오니

내가 결심하고 입으로 범죄하지 아니하리이다

시 17:3

그래서 믿음의 사람들은 밤을 지켰고, 밤을 이겼다. 밤의 신앙
에 성공한 것이다.

주의 인자하심이 생명보다 나으므로

내 입술이 주를 찬양할 것이라

이러므로 나의 평생에 주를 송축하며

주의 이름으로 말미암아 나의 손을 들리이다

골수와 기름진 것을 먹음과 같이

나의 영혼이 만족할 것이라

나의 입이 기쁜 입술로 주를 찬송하되

내가 나의 침상에서 주를 기억하며

새벽에 주의 말씀을

작은 소리로 읊조릴 때에 하오리니

주는 나의 도움이 되셨음이라

시 63:3-7

나를 지으신 하나님은 어디 계시냐고 하며

밤에 노래를 주시는 자가 어디 계시냐고

말하는 자가 없구나

땅의 짐승들보다도

우리를 더욱 가르치시고

하늘의 새들보다도

우리를 더욱 지혜롭게 하시는 이가

어디 계시냐고 말하는 이도 없구나

욥 35:10,11

시편 119편 기자의 신앙의 핵심 역시 밤이었다. 밤이 되었는데
도 여전히 그는 하나님을 기억하고 있었다.

여호와여

내가 밤에 주의 이름을 기억하고

주의 법을 지켰나이다

내 소유는 이것이니

곧 주의 법도들을 지킨 것이니이다

여호와는 나의 분깃이시니

나는 주의 말씀을 지키리라 하였나이다

시 119:55-57

이렇게 하루를 정리한 시편 기자는 다음 날 아침 역시 아름다운
시작을 한다. 아침, 그 일어남의 시작은 '말씀의 묵상'이었다.

내가 날이 밝기 전에 부르짖으며

주의 말씀을 바랐사오며

주의 말씀을 조용히 읊조리려고

내가 새벽녘에 눈을 떴나이다

시 119:147,148

우리는 머릿속에 쓰레기 같은 영상과 지식들을 가득 집어넣고 불쾌하게 잠자리에 든다. 말씀묵상은 꿈도 꿀 수 없다. 그리고 뒤척이다 충혈된 눈으로 다음 날 아침을 맞는다.

◆◆◆ 나의 깨달음 적기

그동안을 돌아보기: 내 저녁과 밤은 어떠했나?

저녁 7시부터 시작해서 자기 전까지 내 저녁과 밤은 어땠는지
적어보라.

7시

8시

9시

10시

11시

12시

1시 이후

아침도 중요하다

저녁과 밤은 내일을 준비하는 시간이라면, 아침은 실전의 시간이다. 아침에 일어났을 때, 이미 모든 것이 준비되어 있어야 한다. 사실 그동안 우리의 아침은 하루를 살 준비가 되어 있지 않았다. 혹시 이런 모습은 아니었는가?

여러 개의 알람시계를 맞춰놓았지만 일어나기가 힘들다. 몇 번의 전쟁을 치르고 난 후 정신이 들었는데 출근할 시간이 이미 늦었다. 아침식사를 하고 갈 시간도 없다. 부리나케 세수를 하고 아침은 거르거나 대충 아무거나 먹고 뛰쳐나왔다. 전력으로 달려갔는데, 타야 할 버스가 길 건너편 정류장에 서 있다.

그런데 신호등은 빨간불이다. 아침 시간이라 교통 정리하는 분들이 서 있어서 건너가지도 못하고 버스가 지나가는 것을 보고 있는데 신호가 바뀌었다. 다행히 차는 횡단보도 앞에 멈춰 있다. 다가갔는데 버스 기사가 문을 열어주지 않는다. 정류장이 아니라는 이유로. 손으로 버스 문을 두드리는데 기사는 거들떠보지도 않는다. 이 버스를 타야 간신히 도착할 것 같은데 결국 놓치고 만다.

마음은 온통 조바심뿐이다. 잠시 후 다음 버스를 탔지만 계속 시계를 볼 수밖에 없다. 회사 앞에 내리자마자 뛰기 시작한다. 그런데 다시 신호등이 말썽이다. 또 빨간불이다.

숨이 턱에 차도록 도착한 회사는 벌써 전쟁터이다. 회사에 들어섰는데 분위기가 살벌하다. 그날따라 부장이 아침부터 찾았다는 것이다. 전화를 해도 받지 않는다고 혼이 났다. 그도 그럴 것이 정신없이 나오느라 휴대폰을 두고 왔다.

아침부터 부장으로부터 주의를 듣고, 부리나케 부장이 시킨 일을 한다. 정신없이 일하다 보니 11시가 다 되었다. 문제는 이런 모습이 오늘 하루의 문제가 아니라는 점이다.

11시가 되기까지 이 사람의 모습을 한마디로 정리하면 '정신없음'일 것이다. 그렇다면 하나님은? 하나님은 없다. 아침의 이같은 시작은 하루 전체를 지배할 것이다.

◆◆◆ 나의 깨달음 적기

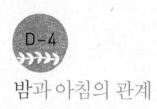

밤과 아침의 관계

만일 아침에 30분만 일찍 일어났어도 이 같은 난리법석을 떨지는 않았을 것이다. 30분이 그의 하루를 엉망으로 만들었다. 물론 이것은 지난 밤의 실패와 관계가 있다. 시편 119편 기자의 밤과 아침을 다시 생각해보자. 그는 밤을 이렇게 보냈다.

여호와여 내가 밤에 주의 이름을 기억하고
주의 법을 지켰나이다
내 소유는 이것이니 곧 주의 법도들을 지킨 것이니이다
여호와는 나의 분깃이시니
나는 주의 말씀을 지키리라 하였나이다

시 119:55-57

일찍 잠자리에 든 그의 아침은 기대에 찬 시작이었다. 아침부터 그의 영은 하나님을 찾고 있었다.

내가 날이 밝기 전에 부르짖으며
주의 말씀을 바랐사오며
주의 말씀을 조용히 읊조리려고
내가 새벽녘에 눈을 떴나이다

시 119:147,148

아침 일찍 근처 교회에 새벽기도를 갔다. 말씀을 깊이 묵상하고 생각할 수 있었다. 오늘 해야 할 일을 하나씩 점검하고 다이어리에 적어넣었다. 쪽지 묵상을 하기 위해 오늘 주신 말씀을 오려서 지갑 사이에 넣었다.

아침 식탁, 사랑하는 아내에게 입맞춤을 하고 아이들과 함께 식사 자리에 앉았다. 오늘 주신 말씀을 한 구절 읽고, 아내와 아이들을 축복하는 기도와 감사기도를 드렸다. 아내와 모닝커피를 한 잔 마시고 천천히 길을 나섰다. 길에서 만나는 사람들과 눈인사를 하고 주신 말씀을 묵상했다.

물론 회사에서 언짢은 상황이 벌어질 수도 있다. 하지만 이미 주님은 아침 묵상을 통해 그를 준비시키셨다. 그래서 멋있게 위기를 관리할 수 있었다.

하루 종일 하나님과 동행하기의 시작은 아침이다. 하지만 그 아침을 결정하는 것은 밤이다. 어젯밤을 어떻게 보냈는가는 이미 아침의 모습과 낮의 생활을 결정하기 때문이다.

◆◆◆ 나의 깨달음 적기

아침 기도는 아름답다

아침에 기도를 들으시는 주님

우리가 삶의 위기를 만나고 있다면 밤의 실패에 이은 아침의 실패 때문이다. 하나님의 사람들은 언제나 아침에 성공한 사람들이었다.

그들은 아침부터 하나님의 음성을 들었고, 그분의 깨우치심과 가르치심에 노출되었다. 그들의 시작은 자신의 힘으로가 아니라 하나님이 주신 지혜에 기초했다.

주 여호와께서 학자들의 혀를 내게 주사
나로 곤고한 자를 말로 어떻게 도와 줄 줄을 알게 하시고

아침마다 깨우치시되 나의 귀를 깨우치사

학자들 같이 알아듣게 하시도다

사 50:4

그렇다면 왜 하나님은 아침에 말씀하시는가? 엄밀하게 말해서
아침에만 말씀하시는 것은 아니다. 이는 태도와 관계가 있을
뿐이다. 아침에 일어났을 때 하나님을 생각하고 묵상함으로
하루를 시작한다는 것은 삶의 우선순위를 그분께 두었다는 것
을 의미하기 때문이다.

그 첫 시작부터 하나님을 생각하는 자가 그분의 생각을 경험할
뿐 아니라 그런 자를 하나님이 도우시는 것은 매우 당연한 일
이기 때문이다. 그래서 하나님의 사람들은 새벽에 일하시는 하
나님을 언제나 만났다.

하나님이 그 성 중에 계시매

성이 흔들리지 아니할 것이라

새벽에 하나님이 도우시리로다

시 46:5

이런 이유로 하나님의 사람들은 이른 아침에 하나님께 나아가는 것과 기도하는 것을 즐겨했다.

여호와여 아침에 주께서 나의 소리를 들으시리니
아침에 내가 주께 기도하고 바라리이다

시 5:3

여호와여 오직 내가 주께 부르짖었사오니
아침에 나의 기도가 주의 앞에 이르리이다

시 88:13

새벽에 일하시는 하나님! 당연히 하나님은 새벽부터 일하실 것이다. 하나님을 우선순위로 삼고 사는 사람들을 향한 하나님의 우선순위는 당신의 백성의 일이기 때문이다.

놀라운 축복

다른 어떤 것보다 아침마다 하나님을 생각하고 말씀을 묵상하면서 놀라운 경험을 할 수 있다. 하나님을 생각하면 생각할수록 다가오는 그분의 사랑과 자비를 경험하게 된다.

여호와의 사랑은 한결같고,

여호와의 자비는 끝이 없다.

주의 사랑과 자비가 아침마다 새롭고

주의 진실과 참되심이 크도다.

내가 스스로 말하기를

"여호와께서 내가 받을 수 있는 유산의 전부이시니

내게 희망이 있다"고 하였다.

여호와께서는 주께 희망을 두는 사람과

주께 도움을 청하는 사람에게 선하시다.

애 3:22-25 쉬운성경

아침은 하루의 속도를 정할 뿐 아니라 우리의 영적 상태 역시 결정한다. 반드시 새벽에 일어나라는 말은 아니다. 특수한 직장생활의 경우도 존재하기 때문이다.

하지만 일찍 일어나라. 이것은 아침 몇 시에 일어날 것인가의 문제를 얘기하는 것이 아니라 시간의 여유를 말하는 것이다. '내가 일어났을 때 서두르지 않고 쓸 수 있는 시간이 있는가?' 하는 물음이다.

아침의 속도를 조절해야 한다. 무한질주할 수밖에 없는 삶이 아니라 말씀을 묵상하고, 하루를 계획하고, 사랑하는 사람들을 축복할 수 있는 시간을 갖는 삶을 살기 위해서이다. 그러므로 아침의 속도를 조절해야 한다.

◆◆◆ 나의 깨달음 적기

마지막 준비

내일을 준비하기

자유롭게 7시 이후의 시간을 쓰되, 한 시간 단위로 다음의 말씀들을 묵상하면서 주님을 생각하는 준비를 하라. 읽은 후 한두 줄의 느낌을 적으면 된다. 12시가 마지막 말씀묵상이지만 취침은 자유롭게 하라.

7시 말씀

시 51:17

하나님께서 구하시는 제사는 상한 심령이라
하나님이여 상하고 통회하는 마음을
주께서 멸시하지 아니하시리이다

8시 말씀

시 51:10

하나님이여
내 속에 정한 마음을 창조하시고
내 안에 정직한 영을 새롭게 하소서

9시 말씀

시 42:1

하나님이여
사슴이 시냇물을 찾기에 갈급함 같이
내 영혼이 주를 찾기에 갈급하니이다

10시 말씀

시 62:5

나의 영혼아 잠잠히 하나님만 바라라
무릇 나의 소망이 그로부터 나오는도다

11시 말씀

시 18:2

여호와는 나의 반석이시요 나의 요새시요
나를 건지시는 이시요 나의 하나님이시요
내가 그 안에 피할 나의 바위시요 나의 방패시요
나의 구원의 뿔이시요 나의 산성이시로다

12시 말씀

시 4:8

내가 평안히 눕고 자기도 하리니
나를 안전히 살게 하시는 이는
오직 여호와이시니이다

내일을 준비하다

먼저 10-20분간 침묵기도를 한 후에 큐티를 하라. 엄밀하게 말해서 내일 본문의 큐티는 오늘 밤 자기 전에 하는 것이 옳다. 말씀을 묵상하면서 잠들 수 있기 때문이다. 큐티를 시작하되, 말씀에만 집중하라. 말씀을 읽을 때 성령께서 감동을 주신 말씀 한 구절을 명함 크기의 쪽지에 적어보라. 다시 보지 않아도 충분히 암송할 만한 길이의 말씀이 좋다. 혹은 전날 말씀을 읽다가 다가온 성경 말씀을 반드시 명함 크기의 쪽지에 적어라.

이 말씀을 반복해 읽으면서 묵상하다가 잠드는 게 좋다. 혹 민감한 사람들은 한두 번만 읽어도 괜찮다(주의: 내일 묵상할 말씀이 적힌 쪽지는 일어났을 때 금방 눈에 띄는 곳에 두라. 일어나자마자 시작할 말씀이기 때문이다.).

"하루 종일 하나님과 동행하기" 간증

🌿 어떻게 반응하며 살아갈 것인가

전날 밤의 준비는 순조로웠다. 모든 순서에 맞게 묵상하고 다음 날을 준비한 뒤 이른 잠을 청했다. "그런즉 너희가 알지 못하고 위하는 그것을 내가 너희에게 알게 하리라"(행 17:23).

이 말씀과 함께 하루 종일 하나님과 동행하기로 정한 당일, 특별히 제주도에서 하나님과 동행하게 되었다. 출장 중에 약속 시간마다 위의 말씀을 반복해서 묵상하며 내 일거수일투족에 말씀꼬리표가 붙어 다녔다. 그러자 그냥 흘러보냈던 시간들과 무심코 지나쳤을 내 생각과 언어들이 의식되었다. 누구와 어떤 말을 하더라도 하나님이 함께 계셨다.

하루 종일 하나님과 동행하기 훈련은 내 일터 또는 내 시간에 방해가 되는 것이 아니라 가장 필요한 시간이었다. 어떻게 반응하고, 어떻게 살아갈 것인가? 어떤 세상의 지식과 정보보다도 주님을 의식하는 것이 내 생각과 언어를 가장 정직하고, 객관적이고, 깨끗하게 해준다는 사실을 알게 되었다. 마음을 다스리는 훈련이 필요 없었다. 자연스럽게 삶의 순간순간 하나님을 의식할 때 우리는 날마다 아름다운 존재가 될 것이기 때문이다. 김경희(건축 디자이너)

🌿 24시간 하나님을 향한 안테나를 켜다

'내가 하는 기도와 큐티로는 충분하지 않은가? 올바른 방향으로 달리고 있지 않은 건가?'라고 스스로에게 질문을 던지면서, 기쁘면 너무 기쁘고 슬프면 너무 슬픈 날들이 반복되었다.

평소와 달리 세상이 주는 자극을 조금씩 차단하고 24시간 동안 하나님이 주신 자극에 집중해 보았다. 생각보다 어렵지 않았다. 그러고 나니, 내 몸의 감각이 은근히 함께 계시는 하나님을 느끼기 시작했다. 흐릿했던 것이 깨끗하게 보이기 시작했다. 충분하지 않았다거나 내가 잘못된 방향으로 달려가고 있다거나 하는 문제가 아니었음을 깨달았다. 작정하고 큰 은혜를 경험하는 시간들도 물론 중요하지만, 24시간 자연스럽게 켜져 있어야 할 하나님을 향한 안테나가 무뎌져 있었던 것이다. 언제나 함께 계셨는데 내가 느끼지 못했을 뿐이었다. 돌이켜보니 수련회나 선교, 찬양연습, 주일 예배시간이 아니면 이 오후의 귀중한 시간을 내 의지로 하나님께 온전히 드려본 적이 내 삶에서 한번도 없었다. 놀라운 발견에 이어 부끄러움이 몰려왔다. 시작하기 전에는 직장 가운데서 이것을 실천할 수 있을지 두려움이 앞섰다. 하지만 막상 24시간에 내 몸을 던지고 나니 이미 많은 것이 예비되어 있었다. 안을희(직장인)

🌿 활력 없는 삶에 대한 명쾌한 답

처음부터 엄청난 기대는 없었다. 10일 이후의 내 삶에 커다란 변화가 있을 것이라고 생각하지도 않았다. 다만 10일간의 프로젝트에 끝까지 참여를 하고 그 과정에서 무언가 하나라도 얻는다면 만족할 수 있을 것 같았다.

'날마다'가 왜 중요한지, 짧은 시간의 조각들의 연속이 어떻게 팽창과 폭발을 유발하는지, 내 사소한 습관들이 내 삶에 어떠한 영향을 미치는지 깨닫는 시간이었다. 시간 관리, 특히 아침시간과 오후 5시 이후의 시간을 흐지부지 사용했던 지난날들이 떠오르며 회개하게 되었다. 게으르고 활력 없는 생활이 계속되는 이유가 무엇인지 명쾌한 답을 얻었다. 바로 밤을 준비하지 못하는 저녁 때문이었고, 아침을 준비하지 못하는 밤 때문이었다. 이찬양(주부)

밤의 유혹에 지배당하지 않겠다

나는 음악을 한다는 명분하에 새벽까지 깨어 이런저런 작업들을 하곤 했다. 혼자 있는 내 공간과 아무도 보지 않는 깜깜한 밤에 많은 유혹들을 받기도 했다. 어떨 때는 이기기도 했지만 쓰러지는 날 또한 많았다.

하루 동행 전날 밤에 내게 주신 "여호와여 내가 밤에 주의 이름을 기억하고 주의 법을 지켰나이다"(시 119:55) 이 말씀을 묵상하며 잠을 청했다. 그리고 새벽에 일어나 동네 교회의 새벽기도를 갔다. 오차가 있기도 하였지만 정해진 시간에 따라 말씀을 묵상하고 기도하는 중에 종일 하나님께서 내게 하신 말씀은 '밤에 나를 기억하라. 나를 의지하여라'였다.

그동안 얼마나 내 자신을 위해 살아왔는지, 하루를 준비하고 결정하는 중요한 밤의 시간에 나태했는지 발견했다.

9시의 말씀까지 묵상하며 계속 하나님께 구했다. '저는 너무나 연약
하여 제 의지대로 할 수 없습니다. 전적으로 저를 만지시고 도와주시
옵소서.'

솔직히 너무나도 많은 유혹들을 다 이겨낼 자신이 없다. 이기진 못하
더라도 지배당하지는 말아야겠다는 마음가짐으로, 쓰러지더라고 포
기하지 말고 하루하루 하나님을 열망하며 살아야겠다. 부진철(작곡가)

침묵하는 것, 멈추어 서는 것

내가 무너지는 지점은 언제나 혼자 있는 시간이었다. 타인의 시선으
로부터 해방되어 긴장을 늦추고 있으면 여과 없이 드러나는 내 모습
에 좌절하거나 포기하고 싶은 마음도 들었다. 하나님이 살아계심을
고백하지만 정작 나는 하나님이 아닌 사람의 시선을 의식하며 살아
왔다. 바울 사도의 고백처럼 내 안의 '또 다른 나'를 이길 힘이 내게는
전혀 없었다.

'주님! 언제까지 저는 똑같은 죄를 반복하고 여전히 어떠한 능력도 경
험하지 못하는 삶을 살아가야 하는 것입니까? 제가 무엇을 하여야
이 삶에서 벗어날 수 있는 것입니까?' 나는 수없이 이런 기도를 반복
했다. 그러나 훈련받으며 깨달은 것은 '내가 할 수 없다'는 것이었다.
그렇기에 침묵하는 것, 멈추어 서는 것이 필요했다. 늘 조급해하며
자신의 추구를 따라 끝없이 달려갔다. 어느새 내 삶도, 신앙도 그렇
게 세상이, 또 내가 정한 방향으로 정신없이 흘러가고 있었다. '하나

님과 동행하는 것이 무엇인가?'라는 질문에 나는 '멈추는 것'이라고 답하고 싶다. 동행의 주체가 내가 아니기 때문이다. 나의 최선은 하나님이 나를 붙드시고 동행하시며 이끄실 수 있도록 나를 맡기는 것이다. 정민웅(직장인)

🌿 성실하신 주님이 기다리신다

하루 종일 하나님과 동행하기 프로젝트를 통해 가장 크게 느낀 점은 '하나님의 하루는 영원이고 하나님의 영원은 하루'라는 것이다. 그래서 내가 TV를 보고 인터넷에 들어가 허접한 얘기를 보느라 일분일초를 낭비하는 순간에도 주님의 피는 계속 흐르고 있다는 것을 생각하면 정말 죄송하고 또 죄송했다.

내가 만난 하나님은 '매일'이라는 성실함 속에 계셨다. '나와 함께하시지 않는구나' 하는 좌절감이 들 때도 있었지만 꾸준히 정해놓은 시간에 맞춰 그곳에 들어가면 언제나 계셨다. 내 눈이 어두워서 빛을 보지 못한 것이다.

주님이 습관이 되고 라이프스타일 자체가 되면 매일 그분과 만날 수 있다. 이번 하나님과 동행을 시작하며 일상의 생활에 작은 뾰루지가 난 듯한 느낌을 가졌다. 기억해야 하고, 지켜야 하고, 그래서 잠시 '포기'해야 하는 상황도 있었다. 하지만 기도한다. 포기하지 말기를. 밤의 기도가 다음 날 하루를 결정하기에 내일을 위해 오늘밤 기도하고, 또 모레를 위해 내일 밤 기도하기를, 성실히 내일을 오늘에 살 수 있기를…. 성실하신 주님은 언제나 성실하지 못한 나를 기다리고 계실 것이다. '성실'이라는 명제는 그분이 나를 사랑하시는 방법이고, 그분 자체이기 때문이다. 김희수(교수, 무대연출가)

🌿 은혜를 기다리는 시간

하루 종일 하나님과 동행하기 프로그램을 진행하며 오후 3시 관리의 중요성을 인식하게 된 것은 큰 기쁨이었다. 시간을 지키며 따라가는 것도 어려워하는 나를 보며 부족함을 고백했다.

9일차에 내 본성과 일정을 거스를 수 없는 상황을 겪으며 하나님과 하루 종일 동행하는 것이 얼마나 어려운 일인지 다시금 실감하며 슬퍼지기까지 했다.

그러나 잠자리에 누웠을 때 요한복음 15장 5절 말씀이 생각났다. 하나님을 떠나면 아무것도 할 수 없지만, 그분 안에 거하면 열매를 많이 맺는다는 말씀. 하나님의 방법을 선택해야만 한다는 삶의 방식을 가르쳐준 이 말씀은 축복의 말씀이었고, 미래에 대한 기대를 키우는 말씀이었다. 진선희(디자이너)

3

D데이: 하루 종일 하나님과 동행하기

하나씩 자신의 밤을 돌아보라. 단순히 시간적인 밤뿐만 아니라 아무도 보지 않는 시간도 밤이다. 그때 자신이 누구인지를 한번 생각해보라.

 | 아침 |

일어나자마자

첫 번째 할 일은 어제 적어놓은 말씀을 읽는 것이다. 말씀이 적힌 쪽지를 최소 2,3회 읽으라.

아침 큐티

새벽은 매우 중요하다. 예수님도 새벽을 깨우는 것으로 하루를 시작하셨다. 교회에서 예배를 드리는 것으로 하루를 시작하라. 여의치 않을 경우 집에서 홀로 예배하라. 그 시작이 큐티이다. 다음의 순서로 하길 권한다.

1. 침묵기도

5분, 10분, 20분 등 자기 형편에 맞게 하라.

2. 말씀묵상

쪽지에 적은 말씀을 묵상하라. 묵상하면서 주시는 하나님의 감동들을 적어라.

3. 구송기도

짧은 시간이라도 묵상하면서 주신 깨달음에 기초해서 기도제목을 적고, 작게라도 소리를 내어 기도하라.

4. 침묵기도

말씀묵상을 통해 주신 깨달음을 깊이 생각하고, 그 말씀 속으로 들어가는 시간을 가져라. 그때 주시는 하나님의 위로와 쉼을 누려라.

5. 주기도

주기도문으로 기도를 마쳐라.

6. 고백과 서원

오늘 하루 종일 하나님과 동행하고자 하는 우리의 간절함을
주님이 기뻐하실 것이다. 다음의 고백이 서원이 되길 원한다.
"주 예수 그리스도시여, 나를 불쌍히 여기소서!"

◆◆◆ 나의 깨달음 적기

아침 9시의 영성

직장 혹은 학교에 도착한 후 책상에 앉아 있거나 활동하는 아침 9시가 되면 비로소 하루를 시작한 느낌을 가질 것이다.

아침 9시

아침 9시, 매우 중요한 시간이다. 사실 하루의 성공 여부는 이때를 어떻게 보내는가에 달려 있다. 초대교회 공동체 역시 이 시간, 아침 9시를 매우 중요하게 여겼다. 성경에 "제삼시"라고 표현된 시간이다. 이 시간이 중요한 이유는 바로 주님이 십자가에 못 박히신 시간이었기 때문이다.

때가 제삼시가 되어 십자가에 못 박으니라

막 15:25

아침 9시, 우리가 주님의 십자가를 묵상해야 하는 이유이다. 오순절 날이었다. 하나님의 성령이 제자들을 비롯하여 120명의 성도들에게 임하셨다.

그들에게 성령이 임하자 가만히 있을 수 없었다. 베드로를 비롯한 제자들이 숨어 있던 곳에서 예루살렘 저잣거리로 뛰쳐나왔다. 그들이 드디어 외쳤다.

베드로가 열한 사도와 함께 서서 소리를 높여 이르되
유대인들과 예루살렘에 사는 모든 사람들아
이 일을 너희로 알게 할 것이니 내 말에 귀를 기울이라

행 2:14

바로 아침 9시였다.

때가 제삼시니

행 2:15

그때 베드로가 외친 내용의 핵심은 십자가였다. 아침 9시, 십자가에 예수를 못 박았던 시간, 그 사건이 있은 지 얼마 되지

않았기에 모두들 기억하고 있을 그때에 베드로가 십자가를 외친 것이다.

이스라엘 온 집은 확실히 알지니
너희가 십자가에 못 박은 이 예수를
하나님이 주와 그리스도가 되게 하셨느니라

행 2:36

아침 9시를 기억하다

아침 9시, 모두가 하루 일과를 시작한 시간에 십자가 소식을 들었다. 고통을 들었다. 희생을 들었다. 그때 기적이 일어났다. 십자가 소식을 들은 자들의 마음에 기적이 일어났다. 놀랍고 강력한 변화였다.

그들이 이 말을 듣고 마음에 찔려
베드로와 다른 사도들에게 물어 이르되
형제들아 우리가 어찌할꼬 하거늘

행 2:37

아침 9시의 태도는 이미 하루를 어떻게 살지를 결정한다. 그런데 그 시간에 십자가를 생각한 것이다. 자신이 져야 할 십자가 곧 희생, 자기 부인을 생각한 것이다.

◆◆◆ 나의 깨달음 적기

깨어 있는 삶

이것이 바로 깨어 있는 삶이다. 매우 의도적으로 주님의 십자가를 기억하는 시간을 갖는 것. 그때 깨어 있을 수 있다. 당연히 아침 9시는 십자가를 생각해야 한다.

'십자가를 생각한다'는 것은 구체적으로 어떻게 한다는 말인가? 아침 9시부터 12시, 어둠이 밀려올 때까지 주님은 모든 조롱 앞에서 인내하셨다. 만일 우리가 주님이었다면 분명 당장이라도 십자가에서 내려왔을 것이다. 조롱과 모독 때문이다. 육체적 고통보다 더 큰 수모이기 때문이다.

때가 제삼시가 되어 십자가에 못 박으니라
그 위에 있는 죄패에 유대인의 왕이라 썼고
강도 둘을 예수와 함께 십자가에 못 박으니
하나는 그의 우편에, 하나는 좌편에 있더라 (없음)

지나가는 자들은 자기 머리를 흔들며

예수를 모욕하여 이르되

아하 성전을 헐고 사흘에 짓는다는 자여

네가 너를 구원하여 십자가에서 내려오라 하고

그와 같이 대제사장들도 서기관들과 함께 희롱하며

서로 말하되 그가 남은 구원하였으되

자기는 구원할 수 없도다

이스라엘의 왕 그리스도가 지금 십자가에서 내려와

우리가 보고 믿게 할지어다 하며

함께 십자가에 못 박힌 자들도 예수를 욕하더라

막 15:25-32

우리는 지금 속도에 미쳐 있는 것이 사실이다. 어떤 이들은 "빨리 빨리"가 우리나라의 자랑이고, 경제성장과 성공의 이유라고 강조하기도 한다. "빨리 빨리"로 대표되는 삶의 태도가 스피디한 포스트모던 사회의 경쟁력이 되었다는 뜻이다.

물론 옳은 이야기이다. 하지만 이 때문에 우리는 조급해졌고, 인내할 수 없게 되었다. 폭력과 강요, 성급함과 잘못된 결정을 내리는 결과를 낳았다. 또한 깊은 인격적인 관계를 사라지게 만들었다.

더더욱 하나님과 관계는 끝나고 말았다. 그래서 한창 일을 시작하는 시간인 아침 9시에 십자가 묵상은 중요하다. "빨리 빨리"로 대표되는 세상의 원칙을 좇아가는 것이 아니라 주님을 신뢰하는 행위를 상징하기 때문이다.

2009년 4월 23일 밤 10시쯤 수유동 아카데미하우스에 관광객들을 실어다준 후에 4·19 기념탑 방향으로 내려오던 관광버스가 큰 사고를 냈다. 버스 기사는 내려오는 동안 브레이크 이상을 알리는 경고음이 '삐삐' 하고 세 차례나 울렸지만 브레이크를 잡지 않았다. 결국 네 번째 경고음이 울렸을 때, 버스는 이미 통제 불능 상태에 빠진 뒤였다.

과속방지턱을 넘기 위해 기사가 브레이크를 잡았지만 작동하지 않았다. 이미 버스는 시속 70-80킬로미터로 내리막길을 질주하고 있었다. 사고 당시 핸드브레이크로 차를 세우거나 강제로 저속 기어로 감속하지도 않았다고 경찰은 지적했지만, 이미 엄청난 속도의 버스를 도중에 멈추는 것은 불가능했는지도 모른다. 내리막길을 운전하는 처음부터 브레이크를 조작하여 속도를 줄이지 않은 것이 문제였을 것이다.

만일 처음부터 브레이크를 작동시키면서 속도를 줄인 채로 운전하였다면 참사는 일어나지 않았을 것이다. 설령 브레이크가 파열되었더라도 어느 정도 통제가 가능했을 것이기 때문이다. 그런데 처음부터 브레이크 조절이 되지 않았던 버스는 7명이 탄 승용차를 들이받고 차가 밑에 깔린 상태로 160미터를 내달려도 멈출 수가 없었다. 결국 6대의 차량을 들이받고서야 멈출 수 있었다.

우리의 마음도 마찬가지다. 브레이크를 밟지 않고 속도 조절 없이 달리기 시작하면 어떤 결과가 나올지 알 수 없다. 어느 순간엔가 그 버스처럼 자신을 통제할 수 없는 상황을 만나게 될 것이다. 우리가 대부분 실패하는 이유이다. 또한 정신없이 하루를 보내는 이유이다. 하루를 지나고 난 후 삶이 허무해지는 이유이다.

브레이크를 밟고 시작하라

9시 아침 기도는 하루의 브레이크를 밟는 행위이다. 그 브레이크는 바로 주님의 십자가를 생각하는 것이다. 내리막길처럼 속도가 붙는 인생길에서 하루를 브레이크를 밟고 시작하라. 십자가를 생각하라. 가장 바쁜 12시까지 가는 동안 아침 9시를 기억하라.

◆◆◆ 나의 깨달음 적기

....

....

....

....

....

....

| 오후 12시 |

정오, 심상치 않은 시간

사울은 대제사장이 허락한 공문을 가지고 다메섹의 크리스천들을 붙잡기 위해서 가고 있었다. 다메섹 가까이 갔을 때는 정오였다. 그런데 하늘로부터 강력한 빛이 사울을 비췄었다. 그것이 사울이 변화된 지점이다. 그는 그 빛 가운데서 주님의 음성을 들었고 주님을 만났다. 그토록 강력했던 사울이 무너져 내리는 순간이었다.

정오는 심상치 않은 시간이다. 사실 우리가 매우 느슨해지는 시간이기도 하다. 이상하게도 그 시간이 되면 멈추고 싶다. 배가 고프지 않아도 그 시간에는 밖으로 나가고 싶다. 괜히 모든 것을 내려놓고 먹고 쉬고 싶은 마음이 든다. 그래서 유대교나 초기 기독교 전통에서 하루 세 번의 기도 즉 아침, 정오, 저녁 기도 중에서 정오 기도는 보통 건너뛰는 경우가 많았다고 한다. 실제로 정오 기도는 식사 전후에 이루어졌는데, 아무래도 활력이 별로 생기지 않는 기도 시간이었다.

사도행전 10장에는 베드로가 욥바에 있는 무두장이 시몬의 집에서 겪은 일이 기록되어 있다. 점심시간이 가까워서 사람들이 식사 준비를 하고 있을 때 베드로는 지붕으로 기도하러 올라갔다. 제육시, 곧 정오였다. 그는 상당히 배가 고팠다. 그러던 중에 환상을 보게 된다.

베드로는 배가 고파 무엇이라도 좀 먹었으면 하던 참이었습니다.
사람들이 음식을 준비하고 있던 중에, 베드로는 환상을 보았습니다.
행 10:10 쉬운성경

어떻게 보면 지루하고 졸음이 몰려오는 그 시간에 베드로는 주님의 보자기 환상을 보았다. 그것은 놀라운 환상이요 비전이었다. 주님은 율법에서 금하는 음식을 먹도록 베드로를 설득하셨다. 그는 완강했지만 "하나님께서 깨끗하게 하신 것을 네가 속되다 하지 말라"(행 10:15)라는 주님의 말씀에 설득당한다.

그 일 후에 베드로는 이방인 백부장 고넬료 집에서 말씀을 전하라는 부르심에 응답했다. 그는 하나님의 성령이 이방인들에게도 임하는 것을 경험했다. 이것은 기독교 선교의 방향을 자유롭게 하는 놀라운 변화를 가져왔다.

나중에 바울은 사도직과 유대교로 개종하지 않은 이방인에게 복음을 전하는 문제에 대하여 예루살렘 교회와 유대 크리스천들의 심각한 도전을 받지만, 베드로가 바울이 사역을 계속할 수 있도록 돕는 일등 공신의 역할을 했다.

12시, 그 시간은 세계선교를 푸는 열쇠를 베드로에게 주님이 주신 시간이었다.

변화의 시간

12시, 정오의 기도는 분명 우리를 변화시키고 새롭게 하는 시간일 수밖에 없다. 언제나 그때 기도하는 자들에게 기적과 놀라운 일들이 벌어졌다.

1907년, 평양대부흥운동을 연구하면서 알게 된 중요한 사실은, 우리 땅에 왔던 선교사들이 매일 정오 기도회로 모여 영적인 부흥을 간구했다는 사실이다. 그레함 리(Graham Lee) 선교사가 "이 정오 기도회가 바로 우리에게 벧엘이 되었다"라고 고백할 만큼 부흥의 시작은 바로 정오의 기도에서 비롯되었다.

대한수도원 등을 중심으로 벌어졌던 민족구국기도운동의 시간도 정오였다. 나병환자촌인 애양원에서 목회하셨던 손양원 목사님도 정오 기도를 놓치지 않았다. 1517년 10월 31일, 마르틴 루터가 비텐베르크 성당 문에 95개조 반박문을 걸어놓은 시간도 바로 정오였다.

정확한 시간을 적어놓지는 않았지만 어거스틴이 "톨레 레게(들고 읽으라)"라는 노랫소리를 들었을 때 역시 정오였을 확률이 높다. 386년 밀라노의 친구 알피우스의 집에 있을 때 그는 어린아이들이 떠들며 노는 소리에서 이 음성을 들었다. 그가 성경을 펴들고 보게 된 말씀은 로마서 13장 13,14절의 말씀이었다.

낮에와 같이 단정히 행하고 방탕하거나 술 취하지 말며
음란하거나 호색하지 말며 다투거나 시기하지 말고
오직 주 예수 그리스도로 옷 입고
정욕을 위하여 육신의 일을 도모하지 말라

롬 13:13,14

이 대낮의 경험 때문인지 몰라도 어거스틴은 '정오 사상'을 펼쳤다. 어거스틴은 '인간의 참된 형상(true picture)은 세상을 보면서 하나님에게서 빛과 열을 받는 정오와 같은 인간 위치'라고 말했다.

야고보서 1장 17절 말씀에 하나님께는 회전하는 그림자가 없다고 기록되었는데, 바로 정오에 그림자가 없다. 그러니까 하나님과 관계가 대낮처럼 형성될 때, 즉 모든 것이 감춰지지 않은 채 드러날 때 온전한 하나님의 형상으로 그분의 빛과 열을 받을 수 있다는 사상이다.

거룩한 시간

이처럼 12시는 모든 것이 명료하게 떠오르는 시간이다. 자신의 모든 것이 적나라하게 드러나는 시간이다. 신앙이 있는 자들도 12시 즈음에 자신의 모든 신앙의 밑천이 드러날 수 있다.

그때 다니엘처럼 놓치지 않고 기도하는 것은 매우 중요하다. 베드로처럼 기도하는 것이 중요하다. 그 시간에 우리는 바울과 같은 이를 얻을 수도 있고, 바울이나 베드로나 다니엘처럼 쓰임 받기도 하기 때문이다.

왜 이런 일이 벌어지는가? 12시는 우리를 변화시키는 영성이 있는 시간이기 때문이다. 역사적으로 가장 중요한 일이 바로 오후 12시부터 3시 사이에 벌어졌다.

제육시가 되매 온 땅에 어둠이 임하여

제구시까지 계속하더니

제구시에 예수께서 크게 소리 지르시되

엘리 엘리 라마 사박다니 하시니

이를 번역하면 나의 하나님, 나의 하나님

어찌하여 나를 버리셨나이까 하는 뜻이라 …

예수께서 큰 소리를 지르시고 숨지시니라

이에 성소 휘장이 위로부터 아래까지 찢어져 둘이 되니라

막 15:33-34,37,38

12시, 빛이 가장 명료해지는 시간에 해가 빛을 잃어 어둠이 되었다. 그리고 그 어두움이 계속되다가 3시 즈음에 예수님이 숨을 거두셨다. 그러므로 이 세 시간은 주님이 완전히 버림받으신 시간이다. 빛이 어두움이 되었던 것이 그것을 뜻한다. 우리의

죄가 완전히 깨끗해지도록 주님이 대신 짊어진 시간이었다.

우리에게 많은 시간이 있지만 정오부터 시작되는 세 시간은 거룩한 시간이다. 그때 세계의 역사가 완전히 새로운 국면으로 들어섰기 때문이다. 그래서 이 시간에 역사적, 성경적으로 무수한 변화가 일어날 수밖에 없었다. 만일 우리가 그 시간을 기억할 수 있고, 기억하고 있다면 우리에게 주어진 어떤 시간들보다 우리를 거룩하고 새롭게 할 것이다.

◆◆◆ 나의 깨달음 적기

....

....

....

....

....

....

| 오후 12시-3시 |

중요한 세 시간

이 시간에 집중적으로 말씀을 묵상하고 기도하는 시간을 가져라. 홀로 주님의 십자가를 묵상하며 침묵하는 시간을 가져라.

바로 이 세 시간이 주님이 가장 강력하게 일하시는 시간임이 틀림없다. 우리가 가장 인간적으로 자신만을 위해 일하는 최고의 시간이기 때문이다.

미리 7개의 쪽지에 묵상할 말씀을 적어놓고, 가능한 한 3시 전까지 20분 단위로 시간을 배열해서 묵상하기 바란다.

12시 30분 말씀

1언: 눅 23:34

예수께서 이르시되
아버지 저들을 사하여 주옵소서
자기들이 하는 것을 알지 못함이니이다
하시더라

12시 50분 말씀

2언: 눅 23:43

오늘 네가 나와 함께 낙원에 있으리라

1시 10분 말씀

3언: 요 19:26,27

여자여 보소서 아들이니이다…
보라 네 어머니라

1시 30분 말씀

4언: 마 27:46

예수께서 크게 소리 질러 이르시되
엘리 엘리 라마 사박다니 하시니
이는 곧 나의 하나님, 나의 하나님,
어찌하여 나를 버리셨나이까 하는 뜻이라

1시 50분 말씀

5언: 요 19:28

내가 목마르다

2시 10분 말씀

6언: 요 19:30

다 이루었다

2시 30분 말씀

7언: 눅 23:46

아버지 내 영혼을 아버지 손에 부탁하나이다

◆◆◆ 나의 깨달음 적기

175

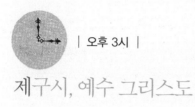

| 오후 3시 |

제구시, 예수 그리스도

주님이 어두움에 있던 시간, 가장 빛이 강해야 할 시간에 빛이
사라지던 순간 일어났던 놀라운 일들을 앞에서 나눴다.

무두장이 시몬의 집에서 베드로의 제육시 기도, 평양대부흥운
동을 촉발시킨 선교사들의 정오 기도, 마르틴 루터의 정오의
반박문 부착 등 제육시 기도, 곧 정오의 기도는 역사를 일으키
고 촉발시키는 시작을 의미했다.

시작이 정오 기도였다면 오후 3시는 열매를 거두는 일이 벌어
진 시간이다. 제구시 즉 오후 3시는 행위의 시간이었다.

제육시가 되매 온 땅에 어둠이 임하여
제구시까지 계속하더니
제구시에 예수께서 크게 소리 지르시되

엘리 엘리 라마 사박다니 하시니

막 15:33,34

가이사랴에 있던 이달리야 부대의 백부장 고넬료, 그는 언제부터인가 하나님을 믿고 있었다(행 10:1). 하지만 후에 베드로가 그에게 세례를 주는 것을 볼 때, 개종하지 않고 숨어서 하나님을 예배하는 크리스천이었던 것으로 여겨진다.

그가 제구시 기도를 할 때였다. 천사인지 주님인지는 알 수 없지만 고넬료에게 임재하여 매우 중요한 말씀을 하셨다.

고넬료야 하나님이 네 기도를 들으시고
네 구제를 기억하셨으니 사람을 욥바에 보내어
베드로라 하는 시몬을 청하라

행 10:31,32

제구시 기도시간에 하나님은 직접적 행동으로 응답하셨다. 고넬료가 했던 수많은 기도와 구제를 주님은 기억하셨고, 그 기억으로 인한 주님의 행동이 제구시 기도시간에 이루어진 것이다. 행동하신 것이다. 그러니까 제구시 기도는 주님의 행동으로 열매를 거두는 시간임을 알 수 있다.

우리가 기억해야 하는 것은 제구시 기도의 중요성이 아니라 그 동안의 삶이 중요하다는 사실이다. 제구시가 주님이 행동하시는 시간이기에 반드시 제구시 기도 이전 삶의 예배와 기도가 전제되어야 한다.

즉 나머지 시간들의 기도와 간구, 삶의 예배가 쌓였을 때 제구시 기도는 능력이 발휘된다. 그렇다면 제구시 기도는 능력이 유출되는 시간의 기도임을 알 수 있다. 결국 제구시 기도는 그의 영성이라 할 수 있다.

제구시의 영성

제구시에 이렇게 기막힌 사건들이 벌어지는 이유는, 주님이 하나님으로부터 완전히 버림받으신 채 우리들의 죄를 대신 짊어지고 운명하신 시간이기 때문이다. 주님이 운명하시던 그 시간에 "성소의 휘장이 한가운데가 찢어지더라"(눅 23:45)라고 성경은 기록하고 있다.

성소의 휘장이 찢어졌다. 그 휘장은 하나님과 우리 사이를 구분하는 것이었다. 이는 인간이 하나님께 직접 나아갈 수 없음을 표현한다. 그런데 그 휘장이 찢어졌다. 더 이상 우리가 하나님께 나아가는 데 방해되는 것이 존재하지 않는다는 뜻이다. 우리의 기도는 즉각 응답되고, 우리의 행위는 그 자체가 능력의 유출임을 의미하는 것이었다.

제구시, 능력이 나타나는 시간에 벌어진 기막힌 일을 기록하면서 다른 복음서와는 달리 마태복음은 매우 현상적인 일들을 적었다.

예수께서 다시 크게 소리 지르시고 영혼이 떠나시니라

이에 성소 휘장이 위로부터 아래까지 찢어져 둘이 되고

땅이 진동하며 바위가 터지고 무덤들이 열리며

자던 성도의 몸이 많이 일어나되

예수의 부활 후에 그들이 무덤에서 나와서

거룩한 성에 들어가 많은 사람에게 보이니라

마 27:50-53

죽음이 죄로 인한 것이기에 주님의 죽으심으로 드러난 구원사역의 완성은 죽음도 더 이상 죄로 인한 것이 아님을 증명하는 사건이었다.

◆◆◆ 나의 깨달음 적기

제구시, 베드로

베드로와 요한이 제구시 기도시간에 기도하려고 성전으로 올라갈 때, 성전 미문에 앉아 있는 "나면서 못 걷게 된 이"(행 3:2)를 만났다. 그가 베드로와 요한에게 구걸하자 베드로가 이렇게 말했다.

우리를 보라

행 3:4

그 걸인은 "무엇을 얻을까 하여"(행 3:5) 베드로와 요한을 쳐다보았다. 그때 베드로가 말했다. 예수님이 하신 일들을 제외하고는 역사상 가장 아름다운 명령이었다.

베드로가 이르되 은과 금은 내게 없거니와

내게 있는 이것을 네게 주노니

나사렛 예수 그리스도의 이름으로 일어나 걸으라

행 3:6

"내게 있는 이것." 베드로가 가지고 있는 것 중에서 물질적이고 가시적인 것은 없었다. 그들이 현상적으로 드러낼 수 있는 것은 "나사렛 예수 그리스도의 이름"뿐이었다.

베드로는 그 이름으로 명령했다. 그것은 곧 행동과 능력으로 나타났다. 이것이 예수의 죽음과 휘장이 찢어진 일, 늘 기도와 삶으로 하나님과 교제하는 자들 그리고 그 바탕에서 제구시 기도를 드리는 자들에게 나타나는 권세이다. 우리에게도 이런 능력이 있다. 우리에게도 수없이 그 역사들을 보여주셨다.

하지만 제구시 기도는 아무나 할 수 있는 기도가 아님을 알 수 있다. 이미 기도의 깊이가 깊어서 제구시 기도가 자연스러운 사람만이 할 수 있다. 능력 역시 그들에게 매우 자연스럽게 나타날 것이다.

또 한 가지 사도행전 미문 사건의 핵심은, 그 걸인이 나면서부터 걷지 못하던 자란 점이다. 이 사람의 믿음과 관계없이 역사가 일어났다. 이미 베드로의 권세는 예전 주님이 일으키시던 기적과 같았다.

이것은 기막힌 역사의 시작이었다. 나면서부터 걷지 못하던 미문의 걸인, 수많은 제사장들과 사람들이 알던 그가 일어나 걸었다. 사람들은 그들을 솔로몬 행각으로 데리고 갔다. 그들은 말씀을 듣고 싶어 했다. 그리고 그 말씀을 들은 사람들은 변화되었다. 그들은 예수를 영접했다. 무려 남자의 수만 오천(행 4:4)이나 되었다.

이 사건이 일파만파로 번지는 것을 막기 위하여 예루살렘의 종교지도자들은 베드로와 요한을 체포한 후 대책회의를 소집하였다. "대제사장 안나스와 가야바와 요한과 알렉산더와 및 대제사장의 문중"(행 4:6)이 모였고, 사두개인, "관리들과 장로들과 서기관들"(행 4:5)도 다 모였다.

하지만 제자들을 막을 길이 없었다. 그들이 고작 할 수 있는 것은 위협하고 경고하는 수준이었다(행 4:16-18). 제자들은 그들 앞에서 당당했다.

하나님 앞에서 너희의 말을 듣는 것이

하나님의 말씀을 듣는 것보다 옳은가 판단하라

우리는 보고 들은 것을 말하지 아니할 수 없다

행 4:19,20

이것이 초대교회의 폭발이었다. 오순절 날 성령의 역사를 통하여 그들 가운데 계신 성령님의 임재를 경험했다면, 제구시 기도 시간 미문 사건으로 성령의 역사와 능력의 유출을 경험한 것이다. 드디어 초대교회를 넘어 복음이 온 세상으로 퍼져나가는 시발점이 된 것이다.

제구시 기도를 드리는 자들

언제나 세상의 역사가 바뀌는 지점, 교회가 바뀌고 새로워지는 지점에는 제구시 기도 사건이 있었고, 제구시 기도가 가능한 자들이 있었음을 알 수 있다. 우리는 수없이 경험했다. 세상을 변화시키는 희망은 능력과 인간적인 권세를 가진 자들에게서 오지 않는다는 것을.

베드로가 대제사장들을 비롯한 예루살렘 모든 지도자들이 소
집된 대책회의 앞에서 한 말이 우리의 삶을 지탱하는 중심이 되
길 소원한다.

너희와 모든 이스라엘 백성들은 알라

너희가 십자가에 못 박고

하나님이 죽은 자 가운데서 살리신

나사렛 예수 그리스도의 이름으로

이 사람이 건강하게 되어 너희 앞에 섰느니라

이 예수는 너희 건축자들의 버린 돌로서

집 모퉁이의 머릿돌이 되었느니라

다른 이로써는 구원을 받을 수 없나니

천하 사람 중에 구원을 받을 만한

다른 이름을 우리에게 주신 일이 없음이라

행 4:10-12

◆◆◆ 나의 깨달음 적기

....

....

....

_____

....

....

제구시, 오후 3시 같은 사람

영화 〈해운대〉는 쓰나미라는 재난을 중심으로 벌어지는 사람들의 이야기이다. 등장인물 중 하나인 김희미는 친구들과 해운대에 놀러 와서 건달들을 만나 그저 즐기는 한심한 여자다. 그러던 그녀가 119구조대원인 최형식을 만나게 된다. 보트를 타고 놀러갔다가 물에 빠져 죽을 뻔한 자신을 구해준 것이 만남의 시작이었다.

최형식은 그동안 만났던 사람들과는 전혀 달랐다. 꺼벙하고 어수룩하지만 순수한 그의 모습에 호감을 갖고 사랑이 시작된다. 그 여자가 남자를 표현한 말이 재미있다.

"당신 같은 사람을 뭐라 그러는지 알아요? 당신은 딱 오후 3시 같은 사람이에요! 진짜 어정쩡하잖아요. 오후 3시! 뭘 하기에는 너무 늦고 그렇다고 그만두기에는 너무 이르고….."

이 둘의 사랑은 잘 진행될 것처럼 보였지만 한 건달이 김희미를 자신의 약혼자라고 속이는 바람에 최형식은 그녀와 관계를 끝낸다.

김희미는 바다에 나갔다가 쓰나미를 만난다. 남자는 물에 빠진 그녀를 구조하러 갔다가 건달의 거짓말을 알게 되었다. 그는 순조롭게 여자를 구했다. 그런데 동행했던 건달을 구하는 과정에서 그를 살리려면 자신의 목숨을 버려야 하는 상황이 벌어졌다.

그때 남자는 자기 생명을 포기하려는 결심을 한다. 자신을 속였던 사람을 구하기 위해서. 그가 마지막 생명줄과 같은 구조줄을 끊기 전에 자신의 시계를 보며 여자에게 외쳤다.

"아직 오후 3시가 안 됐습니다."

오후 3시는 무엇을 결정해야 하는 시간이다. 우리의 신앙도 이때 결정된다. 다른 말로 하면 아무도 보지 않을 때이고, 모든 것이 자기를 위해 움직일 때이다. 바로 그때 선명해지는 사람이 진짜 크리스천이다. 영화 속의 남자가 결정한 것처럼 말이다.

세상의 변화는 바로 오후 3시에 일어났다. 모두가 자기만을 위해 살아갈 때, 긴장하지 않을 때, 의식하지 않고 살아갈 때, 모든 감각이 무뎌질 때 오히려 선명한 사람들에 의해서 말이다.

혹시 내 삶은 오후 3시같이 '모두가 자기만을 위해 살아갈 때, 긴장하지 않을 때, 의식하지 않고 살아갈 때, 모든 감각이 무뎌질 때'처럼 살지 않았는가?

1. 내 오후 3시는 어떤 삶이었는가?

2. 이제 어떤 삶을 살기를 원하는가?

3. 오늘 하루 묵상하는 말씀과 연결시켜서 느낌을 적어보라.

◆◆◆ 나의 깨달음 적기

저녁 5시, 시작하는 시간

아침 시간은 언제나 분주하다. 정신없이 지내는 날이 하루 이틀이 아니다. 왜 이런 시간이 반복되는가?

저녁이 되고 아침이 되니

결론부터 말하면 하나님이 창조하신 질서를 우리가 온전히 이해하지 못하기 때문이다. 우선 성경은 날을 설명할 때 재미있게 표현하고 있다. 하나님이 창조하시던 첫날을 이렇게 표현하셨다.

> 하나님이 빛을 낮이라 부르시고 어둠을 밤이라 부르시니라
> 저녁이 되고 아침이 되니 이는 첫째 날이니라
>
> 창 1:5

> And there was evening, and there was morning - the first day.
>
> 창 1:5 NIV

직역하면 "저녁이 있었다. 그러고 나서 아침이 있었다. 첫째 날이다"라고 할 수 있겠다. 성경은 하루의 시작을 저녁부터 하고 있다는 것을 알 수 있다. 이 같은 표현은 둘째 날부터 마지막 날까지 계속 반복된다. 그래서 유대인들에게 있어서 하루의 시작은 저녁이다. 특히 레위기를 보면 안식일도 금요일 저녁부터 시작하여 다음 날 저녁까지 지키라고 기록되어 있다.

이는 너희가 쉴 안식일이라
너희는 스스로 괴롭게 하고
이 달 아흐렛날 저녁 곧 그 저녁부터 이튿날 저녁까지
안식을 지킬지니라

레 23:32

하나님의 생각은 이처럼 저녁이 시작이다. 그러므로 유대인에게 있어서 저녁은 하루를 시작하는 시간이고, 요즘 개념으로 보면 내일을 계획하는 시간이다.

유대인들이 탁월한 이유

갑자기 '왜 유대인들이 탁월할까?'라는 의문이 풀렸다. 노벨상 수상자의 35퍼센트가, 특히 경제학상 수상자는 65퍼센트가 유대인이라고 한다. 탁월한 유대인으로는 우리가 잘 아는 찰리 채플린, 스티븐 스필버그, 로이터통신의 로이터, 프로이트, 아인슈타인, 뉴턴, 에디슨 등 다 열거하기가 힘들 정도이다.

알다시피 세계경제는 유대인이 다 잡고 있다. 조지 소로스는 소위 헤지펀드를 위주로 돈을 굴려 엄청난 이득을 챙겼고, 그것이 동남아 통화위기를 일으키는 요인이 되기도 했다. 분명히 문제점도 많지만 그들의 기본적인 삶이 저녁을 하루의 시작으로 삼고 있다면 그 힘이 말로 형용할 수 없는 것은 당연하다.

아침에 일어나 허둥대는 이들과 달리 이미 저녁에 하루를 시작하여, 미리 계획하고 준비한 뒤 아침을 맞는 사람들은 달리 살 수밖에 없다. 우리 시간 개념으로 말하면 이미 오늘 저녁부터 내일을 계획하고, 아침에 일어나자마자 무엇을 할 것인가를 고민하지 않고 일하는 사람들은 다른 삶을 경영할 수밖에 없다.

우리의 하루는 언제 시작하는가?

어떤 포도원에 일꾼이 필요한 시기가 되었다. 주인은 이른 아침에 시장에 나가 일꾼들을 모집하여 일을 하게 했다. 하루 품삯은 한 데나리온으로 정했다.

제삼시 곧 아침 9시에 시장에 다시 갔더니 놀고 있는 사람들이 있어서 그들도 데려다가 일꾼으로 썼다. 그렇게 제육시 곧 오후 12시에도, 제구시 곧 오후 3시에도 사람을 데려다가 썼다. 그는 모든 일이 마치기 한 시간 전인 제십일시, 그러니까 오후 5시에도 일꾼들을 데려다가 일하게 했다. 오후 6시에 모든 일이 마쳤으니까 그들은 한 시간 정도밖에 일하지 않았다. 그런데 주인은 모두에게 한 데나리온씩을 주었다.

이른 아침부터 일한 사람들은 불만이었다. 이스라엘에서 포도 수확철은 현대력으로는 7-8월이다. 이때 일출 시간이 7월은 5시 40분경이고 8월은 5시 55분경이니까 이른 아침이라면 6시에서 7시 사이라고 볼 수 있다. 그렇다면 7시로 계산하더라도 오후 6시까지 거의 11시간을 일했다고 볼 수 있다. 아마 한 시간 일한 자들은 기대도 하지 않았을 것이다. 그런데 주인은 동일하게 한 데나리온을 품삯으로 주었다. 그 순간 그들의 내일은 갑자기 장밋빛으로 바뀌었을 것이다.

만일 그들이 하루 품삯으로 먹고 사는 일일 노동자였다면 그
들에게 내일은 없었다. 굶어야 했다. 그런데 갑자기 내일이 풍
요로워졌다. 내일이 잉여 하루가 된 것이다. 내일 먹고 살 것을
걱정하지 않는다는 것은 새로운 삶에 대한 기대로 다가왔을 것
이다. 이들의 내일은 분명 달라졌을 것이다.

유대인들의 개념으로 보면 저녁 6시부터 내일 곧 하루가 시작
되는데, 저녁 5시 곧 하루를 마감하기 전에 내일 필요한 돈을
얻었기 때문이다.

우리의 하루는 언제, 어떻게 시작하는가? 오늘 저녁, 하루를 시
작하는 것이 아니라 하루를 마감한다고 생각하는가? 그리하
여 스트레스를 푼다며 술을 즐기고 즐거움을 추구하는가? 그
렇다면 언제나 아침은 허둥대는 모습으로 시작하는 것이 당연
할 것이다. 사무엘하 11장 2절을 보면 이런 기록이 있다.

저녁 때에 다윗이 그의 침상에서 일어나 왕궁 옥상에서 거닐다가

다윗이 잠자리에 들려고 했는데, 아마 걱정이 되었던 것 같다. 요압을 대장으로 세워서 암몬과 전쟁을 벌이려고 출정시킨 상태였기 때문이다. 평상시와 달리 다윗은 예루살렘에 있었기에 불안했을지도 모른다. 그래서 잠자리에 들었다가 일어나 왕궁 옥상을 거닐었을 것이다.

그런데 그곳에서 한 여인이 목욕하는 것을 보았다. 더 이상 전쟁에 대한 생각을 할 수 없었다. 그는 다른 계획에 빠져들었다. 그것이 다윗의 비참한 삶을 이끄는 서곡이었다. 그 저녁에 결정한 것은 그의 인생 전체를 결정하는 시작이었다.

◆◆◆ 나의 깨달음 적기

| 오후 6시 이전 |

저녁 감사

5시, 주님은 포도원 품꾼의 이야기를 통해 우리에게 꼭 하고 싶은 말씀을 하시는데, 바로 은혜이다. 주님은 우리가 한 것이 없는데도 한 것처럼 대하신다. 이것이 예수 그리스도의 복음이다. 한 것도 없는데 먼저 받는 것이다. 정확하게 말해서 한 것도 없는데 은혜를 누린다. 그리고 내일을 만난다.

묵상과 돌아봄

하루 종일 하나님과 동행하기를 시작해서 저녁 5시까지 왔다면 정말 축복이다. 이제 다시 어제 저녁에 오늘을 준비했던 것처럼 내일을 계획해보라. 기억할 것이 있다.

"오늘은 잊어라!"

포도원 품꾼들이 잊은 것처럼 오늘을 감사하며 아침을 계획해보라. 우리 하나님의 관심도 바로 지난 시간들이 아니기 때문이다. 포도원 주인이 일꾼들이 하루를 어떻게 보냈느냐에 관심이 없었던 것처럼 말이다. 주인은 조금도 오늘 일한 것에 대하여 묻지 않았다. 한 시간 일한 사람을 하루 종일 일한 사람과 똑같이 대하셨다. 얼마나 행복한 일인가?

1. 하루를 돌아보라. 하나님의 은혜를 생각해보라. 한 것이 있었는가? 대다수의 날들은 어떠했는가?

2. 이제 어떤 삶을 살기를 원하는가?

3. 오늘 하루 묵상한 말씀과 연결시켜서 느낌을 적어보라.

◆◆◆ 나의 깨달음 적기

....

....

....

....

....

....

저녁 계획

저녁 시간에 '무엇을 계획할 것인가'는 매우 중요한 문제이다.
하루의 일과가 끝나고 난 후 주어진 안도와 자유함 앞에 살짝
해이해질 수 있기 때문이다. 다윗이 만났던 저녁처럼.

저녁, 아직 밤이 오기 전
다윗이 왕궁 지붕 위를 거닐 때는 저녁이었다.

저녁 때에 다윗이 그의 침상에서 일어나

왕궁 옥상에서 거닐다가 그 곳에서 보니

한 여인이 목욕을 하는데

심히 아름다워 보이는지라

삼하 11:2

다윗은 그 여인이 누구인지를 알아보게 했다. 처음부터 밧세바를 범한 것은 아니었고, 그럴 의도가 없었을지도 모른다. 그런데 사람을 보내어 알아본 결과 그녀는 "헷 사람 우리아의 아내 밧세바"라는 것을 알게 됐다(삼하 11:3). 이것은 모두 저녁에 이루어진 일이었다.

모든 것이 캄캄해진 밤이 되었다. 아무도 보지 않는 것 같은 밤, 다윗은 전령을 보냈다. 밧세바를 데려오게 하였고 동침하였다. 신속하게 그 밤에 다 이루어졌다. "그 여자가 그 부정함을 깨끗하게 하였으므로 더불어 동침하매"(삼하 11:4)라는 기록에서 알 수 있듯이 밧세바가 이미 목욕을 하고 자신을 정결케 한 것은 바로 그날 저녁의 일이었기 때문이다.

상한 영성

우리는 '다윗이 어떻게 그럴 수 있을까?' 하고 묻곤 하지만 "헷 사람 우리아의 아내 밧세바"라는 사실이 그를 더 대담하게 했던 것으로 보인다. 다윗은 우리아가 지금 암몬 족속과 싸우기 위해 랍바에 있다는 것을 알고 있었다. 갑자기 다윗은 악한 것에 영리해졌다. 바로 저녁에 이뤄진 영리함이었다.

저녁이 위험하다. 하루가 끝나는 시간의 자유함은 우리 생각을 풍요롭고 자유롭게 한다.

'술이나 한 잔 하지.'

저녁에 세운 계획이다. 그리고 그 실행은 밤에 이루어진다. 그때 우리는 이 시대를 지배하는 밤의 더러운 영성을 만날지도 모른다. 비이성적인 결정으로 들어설지도 모른다. 다윗처럼 매우 치명적인 악을 저지를지도 모른다.

저녁을 아름답게

저녁을 아름답게 계획하라. 수요일이라면 예배를 생각해보라. 혹은 사랑하는 사람들, 가족이나 친구들과의 근사한 저녁도 생각해보라. 좋은 연극이나 영화를 보는 것도 좋다.

1. 나는 지난 시간 동안 저녁에 무엇을 계획했는가?

그런데 더 큰 문제는 계획하지 않는 것이다. 바로 그때 여러 요청이나 유혹적인 계획 앞에 쉽게 응답한다. 인간은 외로운 존재여서 더욱 그렇다. 무계획의 틈새라 할 수 있다.

2. 그렇다면 오늘은 무엇을 계획하겠는가?

◆◆◆ 나의 깨달음 적기

어둔 밤의 영성

누구든지 다윗처럼 유혹을 받을 수 있다. 그러나 누구든지 그 유혹에 빠져서 행동하는 것은 아니다. 그런데 이미 다윗은 더러움의 깊이로 들어가고 있었다. 어둔 밤에 들어선 것이다.

다윗은 더 악해졌다. 밧세바의 남편 우리아가 전쟁에서 다윗의 살인교사로 죽게 되었다는 소식을 듣자 다윗은 남편의 장례를 끝낸 그녀를 왕궁으로 데려와 아내로 삼았다. 하나님은 그런 다윗에게 분노하셨다(삼하 11:27).

그때부터 다윗은 하나님의 임재 없이 살았던 것으로 보인다. 만일 하나님의 임재 가운데 있었다면 벌써 회개가 진행되었을 것이기 때문이다.

나단 선지자가 하나님의 말씀을 가지고 찾아왔을 때는 이미 밧세바의 몸에서 아이가 출생한 뒤였다. 그러나 하나님과 관계 없이 살았던 탓에 나단 선지자가 다윗을 찾을 때까지 그는 사태의 심각성을 모르고 있었다.

나단은 바로 다윗이 성전을 건축하고자 할 때 하나님께서 보내신 선지자였다. 사무엘하 7장에 나단과 다윗의 대화가 나오는 것을 볼 때 다윗은 나단이 어떤 선지자인지를 잘 알고 있었을 것이다. 바로 그 나단이 자신을 찾아온 것이다.

하지만 다윗은 사태의 심각성을 몰랐다. 그때 나단이 한 이야기를 꺼냈다. 부자와 가난한 사람의 이야기였다. 양과 소가 심히 많은 부자가 자신에게 찾아온 행인을 대접하기 위해 가난한 사람이 딸처럼 여기던 암양 새끼를 빼앗아다가 음식을 차렸다는 이야기였다.

다윗은 그 얘기를 들으면서 분노했으나, 그 악한 자가 바로 다윗 자신이라는 책망을 듣는다. 죄로 인한 어둔 밤이 다윗을 무지하게 했던 것이다.

그동안 다윗은 전혀 모르고 살았다. 더욱이 그는 스스로 의롭다고 생각하는 왕이었다. 나단이 들려준 부자의 행동을 듣고 분노하는 모습을 보면 알 수 있다.

다윗이 그 사람으로 말미암아 노하여

나단에게 이르되

여호와의 살아 계심을 두고 맹세하노니

이 일을 행한 그 사람은 마땅히 죽을 자라

삼하 12:5

하지만 그는 불의한 왕이었고, 하나님의 영이 그와 함께 있지 않았다. 그런데도 모르고 있었다. 이는 무려 1년 동안 지속되었다. 하나님이 다윗과 함께하지 않음이 틀림없는데, 그것을 인지하지 못한 것이다.

왜냐하면 다윗은 여전히 선한 일도 하고, 나단의 얘기를 듣고 반응한 것처럼 선한 판단을 하기도 하면서 근사한 왕으로 존재하고 있었기 때문일 것이다. 그런데 하나님은 없었다. 어둔 밤에 파묻혀 자신을 전혀 보지 못했던 것이다. 그런데 하나님은 다 알고 계셨다. 매우 심각한 상황으로 여기셨다.

이 모습이 우리 모습일 수 있다. 이미 더러움과 악이 일반적으로 행해지지만 전혀 문제가 없다고 생각하는 것 말이다. 하나씩 하나씩 자신의 밤을 돌아보라. 단순히 시간적인 밤뿐만 아니라 아무도 보지 않는 시간도 밤이다. 그때 자신이 누구인지를 한번 생각해보라.

◆◆◆ 나의 깨달음 적기

영적인 밤

나단의 말을 들으면서

다윗은 나단의 말을 들으면서 깨달았다. 갑자기 그의 영성이 깨어났다. 두려워지기 시작했다. 자기 안에 주와 동행하는 영이 죽어 있는 것을 발견했다. 그동안 자신의 삶이 성령의 동행이 없는 삶이었다는 것을 깨달았다.

주의 얼굴을 내 죄에서 돌이키시고

내 모든 죄악을 지워 주소서

하나님이여 내 속에 정한 마음을 창조하시고

내 안에 정직한 영을 새롭게 하소서

나를 주 앞에서 쫓아내지 마시며

주의 성령을 내게서 거두지 마소서

주의 구원의 즐거움을

내게 회복시켜 주시고

자원하는 심령을 주사 나를 붙드소서

시 51:9-12

충격적인 것

다시 다윗이 밧세바를 범했던 장면을 기록한 말씀을 보자.

그 해가 돌아와 왕들이 출전할 때가 되매

다윗이 요압과 그에게 있는 그의 부하들과

온 이스라엘 군대를 보내니

그들이 암몬 자손을 멸하고 랍바를 에워쌌고

다윗은 예루살렘에 그대로 있더라

저녁 때에 다윗이 그의 침상에서 일어나

왕궁 옥상에서 거닐다가 그 곳에서 보니

한 여인이 목욕을 하는데

심히 아름다워 보이는지라

삼하 11:1,2

다윗이 처음부터 의도적으로 밧세바를 범하려 했거나 몰래 훔
쳐보기를 좋아하는 관음증 환자는 아니었을 것이다. 그 즈음

나단 선지자와 나눈 대화에서 그의 고민을 알 수 있다.

여호와께서 주위의 모든 원수를 무찌르사

왕으로 궁에 평안히 살게 하신 때에

왕이 선지자 나단에게 이르되

볼지어다 나는 백향목 궁에 살거늘

하나님의 궤는 휘장 가운데에 있도다

나단이 왕께 아뢰되

여호와께서 왕과 함께 계시니

마음에 있는 모든 것을 행하소서 하니라

삼하 7:1-3

하나님이 매우 감동하셨던 다윗의 마음이다. 그러니까 밧세바를 범하던 날 밤도 그는 출전한 군사들을 걱정하고 있었든지 아니면 하나님의 성전을 지을 것에 대한 걱정으로 가득하여 기도하러 왕궁 옥상으로 올라갔을지도 모른다.

사실 다윗은 오랫동안 하나님의 전을 그리워하며 살던 사람이다. 그 그리움이 잘 나타나 있는 시가 바로 시편 63편이다. 이 시의 배경을 성경은 다윗이 "유다 광야에 있을 때에"라고 기록하고 있는데, 일반적으로 아들 압살롬의 반란을 피해 숨어 있을 때라는 의견에 동의한다. 그 긴박함은 시의 뒷부분에서 충분히 엿보인다.

나의 영혼을 찾아 멸하려 하는 그들은
땅 깊은 곳에 들어가며 칼의 세력에 넘겨져
승냥이의 먹이가 되리이다

시 63:9,10

그런데 재미있게도 이 시편에서 다윗은 자신을 구원해달라고 구하지 않는다. 시에 드러나는 그의 마음은 간절함으로 찬 그리움뿐이다.

하나님, 당신은 나의 하나님,
물기 없이 메마른 땅덩이처럼
내 마음 당신 찾아 목이 마르고
이 육신 당신 그려 지쳤사옵니다.

시 63:1 공동번역

타는 목마름 같은 그리움이 다윗을 지배하고 있었다. 자세히

212

보면 그것을 짐작할 수 있는 구절이 나온다.

당신을 그리면서 성소에 왔사오며

당신의 힘, 당신의 영광을 뵈오려 합니다.

시 63:2 공동번역

분명히 다윗은 압살롬을 피해 유대 광야에 있었고, 예루살렘성을 나와 있었기에 성소에 갈 수 없는 처지였다. 그렇다면 무슨 말일까? 그가 밤중에 하나님이 그리워 성소가 보이는 곳까지 찾아와 그분을 그리워하는 마음을 달랬다는 뜻이다.
밤은 그에게 그리움이 찾아오는 시간이었다.

이토록 아름다운 다윗, 지금 모든 것을 망쳐버리고 만 것이다. 그 원인이 된 범죄가 이 밤에 일어났다. 기도하러 갔던 그 왕궁 옥상에서 일생 최대의 치욕적인 범죄를 저지른 것이다. 밤이었다. 이것이 우리에게 슬그머니 흘러들어오는 더러운 밤의 영성이다.

◆◆◆ 나의 깨달음 적기

밤을 구원하라

하루 종일 하나님과 동행하기 프로그램을 했다. 성공했을지도 모른다. 하지만 아직 끝나지 않았다. 가장 아름다웠던 순간에 가장 치욕스러운 죄를 범한 다윗을 잊지 말아야 한다.

우리에게 찾아오는 더럽고 어둔 밤의 문제 때문이다. 우리의 밤을 거룩하게 만나기 위해 밤이 먼저 구원받아야 하다. 앞에서 말한 것처럼 내일을 먼저 계획하고 하나님의 말씀을 묵상함으로 하루의 시작을 바꾸는 것이 필요하다. 그리고 밤, 우리는 흘러가는 대로 행동하지 말고 하나님의 통치에 민감하게 반응하기를 추구해야 한다.

여기서 몇 가지 제안을 하고 싶다. 우리는 거룩한 밤을 만날 만큼 고독과 어둔 밤의 영성을 배워야 한다. 아직 그 경지에 이르지 못한 사람들은 계획되고 의도된 좋은 일에 자신을 노출시

킬 필요가 있다. 그 중에 가장 아름다운 것은 '예배'이다. 주일 외에 다른 요일에도 예배하는 것을 시도해보라. 어떤가?

....

....

건강하고 좋은 친구들을 만나기 바란다. 건강한 대화가 흘러 나올 수 있는 친구 말이다. 어떤 이들이 있는가?

....

....

공부하는 데 시간을 투자하라. 혹 계획하고 있는 일이 있는가?

....

....

운동으로 밤의 시간을 훈련할 수도 있다. 이것은 어떤가?

....

....

무엇보다 밤, TV나 다른 여러 가지 유혹이 밀려드는 시간에 하나님을 묵상하는 시간을 가지라. 10분에서 20분 정도 침묵기도를 하라. 걷기 기도를 하라. 밤의 유혹으로 들어서는 자신을 잠잠하게 하라. 그리고 난 후 하루의 시작으로 독서나, 공부, 계획한 것을 시작하라. 그 저녁을 하루의 시작으로 삼고 말이다.

그 외에 어떤 일들이 가능한지 적어보라.

....

....

....

절대로 그냥 자신을 방치하지 마라. 어디에선가 더러운 밤의 영성이 스멀스멀 들어올 것이다. 다윗에게 그곳은 기도하는 왕궁 옥상이었다.

묵상과 돌아봄

사실 밤이라 함은 단순히 물리적인 시간으로서의 밤만이 아니다. '아무도 보지 않을 때' 혹은 '홀로 있을 때'도 또 다른 개념의 밤이다. 그 밤의 영성이 내 진정한 영성이다.

1. 그동안 나의 밤은 어떠했는가?

2. 이제 어떤 삶을 살기를 원하는가?

◆◆◆ 나의 깨달음 적기

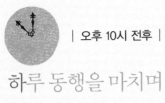

| 오후 10시 전후 |

하루 동행을 마치며

'하루 종일 하나님과 동행하기'를 마친 것을 축하한다. 먼저 하나님께 감사기도를 드리라. 특별히 오늘 '하루 종일'을 지내면서 가장 절실하게 경험하고 깨달은 것은 무엇인가?

....

....

....

나를 위해 중보기도 했던 이들에게 감사 문자를 보내라. 어떤 글을 쓸 것인지 한두 줄로 정리해보라.

....

....

....

| 취침 전 |

새로운 시작

1. 10분 혹은 20분의 침묵기도를 하라.

....

2. 내일 날짜의 큐티를 지금 하라.

....

3. 주신 말씀을 쪽지에 적어서 아침에 일어나자마자 볼 수 있는 곳에 놓아두라.

....

이제 드디어 진짜 시작이다.

"실패할 수 있다. 하지만 포기하지는 마라!"

"하루 종일 하나님과 동행하기" 간증

🌿 하루의 시작은 전날 저녁부터였다

저녁 7시에 말씀으로 시작했다. 스케줄이 있었는데 중간중간에 계속 빠져나와 마칠 수가 있었다. 말씀을 읽고 조금씩 묵상하며 하나님께 기도하게 되었다. 말씀을 따라 기도하다보니 자연스레 내 겉모습이 벗겨진 채 연약하고 죄 많은 모습들이 그대로 노출되기 시작했다.

저녁 9시에 가족들이 모여서 얘기를 나누는 편안한 상황이었는데 감정적으로 연약해지고 얇아진 나를 느낄 수 있었다. 방에 돌아와 회개 기도를 하게 되었다.

다음 날 새벽기도를 참석하면서도 계속 회개의 기도가 나왔다. 내가 저지른 죄들, 내가 못되게 굴었던 사람들, 시기, 질투, 나 자신을 학대했던 일…. 주님이 이런 내 죄를 용서하시고 대신 십자가에 못 박히신 사건이 과거가 아닌 현재의 시점으로 다가왔다.

낮에 생활을 하면서도 나오는 눈물을 막을 수가 없었다. 나를 감싸고 있던 세상적인 껍질이나 안개들이 걷히고 벗겨진 원래의 모습이 나오는 듯했다. 작은 자극에도 눈물이 나서 몸은 나른하고 지쳤지만 마음은 오히려 깨끗해지고 정화되는 느낌이었다.

하나님과 하루 종일 동행하기 프로젝트를 통해 하루의 개념을 새로이 알게 되어 기쁘다. 하루의 시작이 분주한 아침이 아니라 저녁부터 다음 날을 준비한다는 말씀이 깨달아졌다. 김은희(뮤지컬 배우)

❧ 흘러가던 시간들이 즐거워졌다

부끄러움과 두려움으로 하루 종일 하나님과 동행하기를 시작했다.

- 전날 아침: 12명에게 문자를 보냈다. 약한 의지로 무너질까 봐, 회피하면서 변명거리를 찾으며 아무것도 하지 않을까 봐 스스로 얽매기 위한 최소한의 몸부림이었다.

- 당일 새벽: 전날 했던 큐티를 다시 묵상했다. 빛과 어둠 그리고 day(날)에 대한 하나님의 말씀이 강력하게 다가왔다.

- 9시: 십자가의 묵상과 짧은 기도로 동행을 시작했다. 9시 아침 기도는 하루의 브레이크를 밟는 행위라는 목사님의 나눔으로 십자가를 묵상했다.

- 정오: 12시 10분부터 2시 10분까지 30분 간격으로 십자가상의 주님을 묵상했다. 식사 시간과 겹쳐서 과연 가능할지 염려되었다. 고민하다가 미리 작은 쪽지에 묵상할 성경말씀을 시간별로 적고, 알람을 시간별로 맞춰놓아 알람이 울릴 때마다 식사를 하다가도, 대화하다가도 잠시 멈추고 하나씩 간단히 묵상을 하며 묵상 내용을 쪽지에 적었다. "그저 흘러가던 시간들이 갑자기 즐거워지기 시작했다."

- 3시: '오후 3시 같은 사람'이라는 목사님의 나눔을 읽으며 '뭘 하기에는 너무 늦고 그렇다고 그만두기에는 너무 이른' 오후 3시 어정쩡한 시간이 '무엇을 결정해야 하는 시간'으로 바뀌는 것을 깨달았다. 그리고 오후 3시의 기도가 하나님의 강력한 역사를 기대할 수 있는 귀한 기도의 시간임을 알고 잠시 기도했다.

- 5시: 그냥 버려지던 시간, 하루를 마무리하던 시간에서 내일을 위

해 준비하는 '하루의 시작'인 시간으로 변함을 깨닫는다. 포도원 주인의 비유를 통해 거저 주어진 은혜의 시간임을 깨달으며 감사드렸다. 먼저 받음으로 시작되는 은혜의 시간, 오후 5시!

- 7시: 어둠에 휩싸이는 시간, 그러나 어둠에 휩싸이지 않고 무엇인가를 해야 하는 시간, 내일을 계획하면서 보내야 하는 시간임을 깨달으며 준비했다.

- 9시: 하루 종일 하나님과 동행하기를 마치며 기도 부탁을 했던 고마운 이들에게 감사의 문자를 보냈다. "저를 위해 기도해주셔서 감사합니다. 하루를 즐겁게 보냈습니다."

주님은 내 부끄러움에 개의치 않으셨다. 준비를 철저히 했다고 해서 더 나은 하루를 보내지는 못했을 거라 생각한다. 주님은 내 어제를 보고 책망치 않으시고, 지금 현재를 보며 말씀하신다는 것을 깨달았다. 내 두려움은 주님의 부드러움과 계속된 흥분과 빠른 시간의 흐름 가운데 사라졌다.

그날의 하루처럼 시간이 즐거웠던 적이 없었다. 알람이 울릴 때마다 흥분되었다. 짧은 쪽지 묵상을 하면서 말씀의 즐거움에 빠졌다. 고대진(직장인)

🌿 하루의 열매를 위해 기도하는 오후 3시

'과연 일을 하면서 수행할 수 있을까?' 하는 염려로 시작했다. 어려웠지만 하루 동안 하나님과 동행하기는 내가 얼마나 영적인 생활을 하고 있는지, 내 영성은 어느 정도인지를 통찰해볼 수 있는 의미 있는 프로젝트였다.

지금까지 일 중심 생활을 하며 하루를 시작할 때와 마칠 때만 기도했었다. 그런데 오후 3시까지의 삶이 순종의 삶이었는지 돌아보고, 나머지 시간을 하루의 열매를 위해 기도하는 오후 3시가 되기를 소망하게 되었다. 또 TV를 보며 흘려보내던 저녁 시간이 큐티를 하며 아침을 준비하는 시간이 되었다. 말씀을 묵상하며 잠자리에 들고 눈을 뜨면서, 주님의 은혜에 감사하며 시간을 정해놓고 기도하는 삶을 살기를 소망하게 되었다.

"만일 그들이 순종하지 아니하면 칼에 망하며 지식 없이 죽을 것이니라"(욥 36:12). 말씀과 기도로 깨어 있어 어둔 밤의 영성이 되지 않도록 의식하며 날마다 주님과 동행하는 하루가 되기를 기도한다. 정연옥 집사(상담사)

🌿 하루의 열심으로 무엇이 될까?

시작은 아무 기대도 없었다. '25일간의 훈련과 하루의 열심으로 무엇이 될까?' 하지만 일정이 끝난 뒤에 매우 강력한 것임을 알게 되었다. 특히 12시부터 3시까지 진행된 묵상, 예수님의 십자가를 묵상하며 참 많이 울었다. 개인적으로 작게나마 그곳에 현재적으로 있었던 느낌을 경험했다. 그리고 내 죄에 대한 큰 묵상과 감사로 마무리했다.

어떤 때는 하나님보다 앞서서 그분을 기다렸고, 어떤 때는 하나님보다 뒤처져 그분을 바라봤다. 정확한 동행을 위해 하루 동안 노력했지만, '정말 얼마나 동행했는가' 다시 한 번 생각해본다. 더욱 주님을 묵

상하는 시간이 되어서 감사하다. 이다일(연극배우)

🌿 내 멋대로 살 수가 없다

하루 종일 매 순간 하나님을 의식하는 일은 정말 어려웠다. 그동안 내 삶 속에 주님이 계시지 않았고 내 뜻대로만 살아왔기 때문이다. 자각하지 못하고 지내왔던 내 모습이 정말 부끄럽다. 그저 흘려보내던 시간들이었다. 내 하루는 일하고, 밥 먹고, 쉬는 것으로만 구분되었다. 그런데 그 시간들을 나눠서 매시간 주어진 말씀을 묵상하고 기도하니, 이제까지 생각 없이 보낸 시간들이 기도함으로 주님과 만날 수 있는 귀한 시간이었음을 느낄 수 있었다.

물론 하루를 온전히 하나님께 드렸다고 말할 수는 없다. 하나님을 의식하지 못하고 지나쳤던 순간들도 있었다. 하지만 분명한 것은 주를 의식하려 노력했고, 그로 인해 마음가짐이 달라졌다는 사실이다. 하나님을 생각하고 말씀을 묵상하니 전과 같이 내 멋대로 살 수가 없다. 어제의 훈련을 시작으로 날마다 주님과 동행하며 살아갈 내 삶을 기대하고 소망한다. 김새롬(클라리넷 연주자)

🌿 날마다 조금씩, 천천히, 꾸준히

내 신앙은 늘 '이 정도면 되나?' 하는 내 기준들로 넘쳐났다. 예배를, 신앙생활을 습관처럼 해왔다. 나도 진짜 그리스도인으로 아름답게 살아가고 싶은데, 사람들을 진심으로 사랑해주고 싶은데 하나님은 대체 어디 계시는지 알 수가 없었다. '내 안에 계신다. 말씀 가운데 계신다'라고 해도 내게는 해당사항이 아닌 것 같았다.

그런데 '날마다'의 힘은 강했다. 마음이 움직이기 시작했고, 상자 안에서 나오기 시작했다. 하나님의 마음이 느껴지기 시작했고, 그동안 나를 얼마나 부르셨는지 느껴졌다. 세상의 가치관을 벗어버리기 시작했다. 다른 사람들을 위해 눈물 흘리며 기도하기 시작했다.

하루 종일 주와 동행하기를 통해 많은 것을 배웠다. 내일을 위해 오늘 꼼꼼히 준비하기, 아침을 허비하지 않기, 시간을 정해서 적어놓은 말씀을 계속해서 묵상하기, 또 그 다음 날을 위해 준비하기 등등. 어려웠지만 날마다 조금씩, 천천히, 꾸준히 살아볼 것이다. 하나님과 함께. 김성경(청년)

거룩한 욕심

성경을 읽으면서 가장 마음 아픈 구절은 베드로가 예수를 부인하고 저주한 장면이다. 단순히 예수께서 예언하신 대로 베드로가 부인했기 때문만이 아니다. 바로 그 순간, 베드로가 예수를 부인하며 "나는 네가 하는 말을 알지 못하노라"(눅 22:60)라고 말할 때 닭이 울었고, 그때 주님이 몸을 돌이키셔서 베드로를 똑바로 보셨기 때문이다.

주님께서 돌아서서 베드로를 똑바로 보셨다.
베드로는, 주님께서 자기에게
"오늘 닭이 울기 전에,
네가 세 번 나를 모른다고 할 것이다" 하신

그 말씀이 생각났다.

눅 22:61 새번역

예수의 시선과 마주쳤을지도 모를 베드로가 한 행동은 "밖에 나가서 심히 통곡"(눅 22:62)한 것이 전부였다. 베드로는 자신을 지켜 담대할 만한 힘이 없었다. 이미 그는 겟세마네 동산에서 주님이 부탁하신 것을 좇아 단 "한 시간도" 기도할 힘이 없었다.

시몬아 자느냐
네가 한 시간도 깨어 있을 수 없더냐

막 14:37

한 시간도 기도할 수 없는 영성을 가진 베드로가 예수를 부인한 것은 당연한 일이었다. 예수께서 그 같은 연약함을 알고 위로하며 던지셨던 말이 그에게는 평생의 짐이 되었을 것이다.

시험에 들지 않게 깨어 기도하라
마음에는 원이로되 육신이 약하도다

마 26:41

"한 시간"도 기도하지 못하는 영성이 그 같은 베드로에 이르게 한 것이었다.

"한 시간"의 기도, 그 한 시간의 기도를 매일 쌓아가면서 욕심이 생겼는데, '하루 종일' 기도하며 하나님과 동행하고 싶은 욕심이었다. 이와 함께 하나님이 주신 마음은 이 땅의 청소년, 청년을 비롯한 크리스천들이 다같이 거룩한 욕심에 사로잡혀 하루 종일 하나님과 동행하는 환상이었다.

아쉽게도 '크리스마스 베이비'라는 말이 생길 만큼 크리스마스 전날은 타락의 시간으로 변하고 말았다. 그런데 바로 그날 하루 종일 하나님과 동행하기를 한국교회가 함께 한다면 놀라운 변화가 일어나지 않을까 하는 기대가 생겼다. 또한 사순절 기간 중 성금요일에 하나님과 동행하는 시간을 갖는다면 한국교회가 거룩을 회복하는 기회가 되지 않을까 하는 소망을 갖게 된 것이다.

분명히 깨어 한 시간을 기도할 수 있는 사람은 늘 기도하는 사람이 되고 싶은 거룩한 욕심에 사로잡힐 것이다. 마찬가지로 하루 종일 하나님과 동행하는 경험을 성공한 사람은 매일 하나님을 의식하며 일생을 살아갈 용기를 얻게 되리라 믿는다.

하루 종일 그리고 날마다 하나님과 동행하는 사람이 세상을 걸어갈 때 세상은 그 사람으로 인하여 거룩해지지 않겠는가? 그 사람이 축복할 때 도시가, 나라가 회복되지 않겠는가?

도시는 옳은 사람의 축복을 통하여 부흥할 것이다

잠 11:11 하정완의 역

하루 동행

초판 1쇄 발행   2016년 11월 11일

지은이   하정완
펴낸이   여진구
책임편집   4팀 | 김아진
편집   1팀 | 이영주   2팀 | 최지설   3팀 | 안수경, 유혜림
디자인   이혜영 | 마영애, 노지현
기획 · 홍보 김영하   **해외저작권**   김진경
마케팅   김상순, 강성민, 허병용   **마케팅지원**   최영배
제작   조영석, 정도봉   **경영지원**   김혜경, 김경희

이슬비전도학교   최경식, 전우순   **303비전성경암송학교**   박정숙, 정나영
303비전장학회 & 303비전꿈나무장학회   어은하

펴낸곳   규장

주소   06770 서울시 서초구 매헌로 16길 20(양재2동) 규장선교센터
전화   02)578-0003   **팩스**   02)578-7332
이메일   kyujang0691@gmail.com   **홈페이지**   www.kyujang.com
트위터   twitter.com/_kyujang   **페이스북**   facebook.com/kyujangbook
등록일   1978.8.14. 제1-22

ⓒ 저자와의 협약 아래 인지는 생략되었습니다.
이 출판물은 저작권법에 의해 보호를 받는 저작물이므로 무단 전재와 무단 복제를 할 수 없습니다.

책값   뒤표지에 있습니다.
ISBN   978-89-6097-475-3 03230

규 | 장 | 수 | 칙

1. 기도로 기획하고 기도로 제작한다.
2. 오직 그리스도의 성품을 사모하는 독자가 원하고 필요로 하는 책만을 출판한다.
3. 한 활자 한 문장에 온 정성을 쏟는다.
4. 성실과 정확을 생명으로 삼고 일한다.
5. 긍정적이며 적극적인 신앙과 신행일치에의 안내자의 사명을 다한다.
6. 충고와 조언을 항상 감사로 경청한다.
7. 지상목표는 문서선교에 있다.

하나님을 사랑하는 자 곧 그의 뜻대로 부르심을 입은 자들에게는 모든 것이 合力하여 善을 이루느니라(롬 8:28)

규장은 문서를 통해 복음전파와 신앙교육에 주력하는 국제적 출판사들의
협의체인 복음주의출판협회(E.C.P.A:Evangelical Christian Publishers
Association)의 출판정신에 동참하는 회원(Associate Member)입니다.

"하루를 함께하면 평생 함께할 수 있다!"

볼지어다 내가 문 밖에 서서 두드리노니 누구든지 내 음성을 듣고 문을 열면

내가 그에게로 들어가 그와 더불어 먹고 그는 나와 더불어 먹으리라

_계 3:20